Dominik Albrecht
Sitzvolleyball

Lindy Ave
Leichtathletik

Alhassane Baldé
Leichtathletik

Valentin Baus
Tischtennis

David Behre
Leichtathletik

Irmgard Bensusan
Leichtathletik

André Bienek
Rollstuhlbasketball

Thomas Böhme
Rollstuhlbasketball

Reinhold Bötzel
Leichtathletik

Kerstin Brachtendorf
Radsport

Vanessa Braun
Leichtathletik

Janina Breuer
Schwimmen

Simone Briese-Baetke
Rollstuhlfechten

Annegrit Brießmann
Rollstuhlbasketball

Thomas Brüchle
Tischtennis

Carmen Brussig
Judo

Balwinder Cheema
Rollstuhlfechten

Annke Conradi
Schwimmen

Sebastian Dietz
Leichtathletik

Nico Dreimüller
Rollstuhlbasketball

Hans-Peter Durst
Radsport

Isabelle Foerder
Leichtathletik

Christian Friebel
Goalball

Laura Katharina Fürst
Rollstuhlbasketball

Norbert Gau
Sportschießen

Denise Grahl
Schwimmen

D1717983

Stephanie Grebe
Tischtennis

Barbara Groß
Rollstuhlbasketball

Jan Gürtler
Tischtennis

Stefan Hähnlein
Sitzvolleyball

Jan Haller
Rollstuhlbasketball

Aliaksandr Halouski
Rollstuhlbasketball

Maike Hausberger
Leichtathletik

Stefan Hawranke
Goalball

Matthias Heimbach
Rollstuhlbasketball

Frances Herrmann
Leichtathletik

Uwe Herter
Bogenschießen

Christoph Herzog
Sitzvolleyball

Jennifer Heß
Bogenschießen

Natascha Hiltrop
Sportschießen

Oliver Hörauf
Goalball

Christopher Huber
Rollstuhlbasketball

Sebastian Junk
Judo

Niko Kappel
Leichtathletik

Tom Kierey
Kanu

Ivo Kilian
Kanu

Lasse Klötzing
Segeln

Birgit Kober
Leichtathletik

Dirk Köhler
Rollstuhlbasketball

Frederike Charlotte Koleiski
Leichtathletik

Tino Kolitscher
Rudern

Nikolai Kornhaß
Judo

Lena Kramm
Tischtennis

Elena Krawzow
Schwimmen

Heiko Kröger
Segeln

Jens Kroker
Segeln

Bewegende Momente

PARALYMPICS
2016

IMPRESSUM

Bibliografische Informationen der Deutschen Bibliothek
Die Deutsche Bibliothek verzeichnet diese Publikation in der
Deutschen Nationalbibliografie; detaillierte bibiliografische Daten
sind im Internet über http://dnb.ddb.de abrufbar.

Herausgeber
Deutscher Behindertensportverband e.V.
Nationales Paralympisches Komitee Deutschland
Tulpenweg 2–4, 50226 Frechen-Buschbell
www.dbs-npc.de
Anregungen/Kontakt: pressestelle@dbs-npc.de
Copyright @ 2016 DBS
Alle Rechte vorbehalten

Verantwortlich für den Inhalt:
Friedhelm Julius Beucher

Deutscher Behindertensportverband e.V.
Abteilung Kommunikation & Events
Markéta Marzoli
Kevin Müller
pressestelle@dbs-npc.de

Projektleitung/Realisation
Spobucom/München, Ulrich Kühne-Hellmessen
www.spobucom.de

Redaktion (alphabetisch)
Klaus Feuerherm
Ulrich Kühne-Hellmessen
Kevin Müller
Detlef Vetten

Mitarbeit
Templates Seite 146/147:
Jung von Matt Sports

Schlussredaktion/Lektorat
Verlag Die Werkstatt

Titelfoto
Ralf Kuckuck, DBS

Fotos
Uli Gasper, DBS
Andreas Joneck, DBS
Oliver Kremer, DBS
Ralf Kuckuck, DBS
Binh Truong, DBS
picture alliance

Grafische Gestaltung
Véronique de Céa, Berlin

Vertrieb
Verlag Die Werkstatt, Lotzestraße 22 a
37083 Göttingen
www.werkstatt-verlag.de

Druck und Bindung
Grafisches Centrum Cuno, Calbe

ISBN
978-3-7307-0278-9

INHALT

EDITORIAL

Wenn Sie dieses Buch in den Händen halten und eintauchen in die Welt von Rio, wird Ihnen schon auf den ersten Blick klar: Es gab viel zu feiern in Brasilien, die deutschen Sportler haben diese Spiele genossen und vielleicht auch eine Symbolkraft an Optimismus in die Welt geschickt.

Die Paralympics 2016 waren die ersten Spiele in Südamerika. Für alle, die in Rio vor Ort waren und die Veranstaltungen live mitverfolgen durften, waren es beeindruckende Erlebnisse, die sich ins Gedächtnis eingegraben haben. Natürlich denken wir zuerst an die deutschen Erfolge, an unzählige persönliche Bestleistungen, an Medaillen und Freudensprünge. Zum Sport gehören allerdings ebenso Enttäuschungen. Wir haben uns vor Ort die Zeit genommen, nicht nur die Sportstätten mit außergewöhnlicher brasilianischer Begeisterung zu erkunden, sondern auch in dieses faszinierende Land einzutauchen mit seinen so großen sozialen Unterschieden, wie wir sie in Mitteleuropa gar nicht kennen. Denn wir verstehen unsere sportliche Mission auch als gesellschaftliche Aufgabe. Leuchtende Kinderaugen trotz einfachsten Verhältnissen, die wir bei Besuchen in den Favelas gesehen haben, bleiben ebenso beeindruckende Momente dieser Spiele.

Die paralympische Bewegung hat durch die Spiele in Rio nahtlos an die Ausstrahlung von London angeknüpft. Die Akzeptanz der Leistungen, die die Sportlerinnen und Sportler mit Behinderung erbringen, hat weiter an Bedeutung gewinnen können. Und wer nachts vor dem Fernsehschirm ausgeharrt hat, konnte sich überzeugen, welch großartigen Sport unsere Deutsche Paralympische Mannschaft gezeigt hat. Es war beeindruckend, wie der Leistungswille umgesetzt wurde und viele sich selbst für vier Jahre harte Arbeit belohnt haben. Weniger erfreulich ist die Tatsache, dass die Dopingproblematik auch den paralympischen Sport in größerem Ausmaß erreicht hat, wie der Ausschluss Russlands und vereinzelte Dopingfälle vor und in Rio zeigen. Hier sind aber generell neben dem Internationalen Paralympischen Komitee vor allem auch das Internationale Olympische Komitee und die internationalen Sportfachverbände gefragt, ohne Wenn und Aber durch eine Ausweitung von Kontrollen künftig faire Wettkämpfe zu gewährleisten.

Wir hoffen, dass die Bilder aus Rio Mut machen. Mut zum Sport, zur Steigerung der Lebensfreude, zur Vorsorge oder zur Rehabilitation. Denn das ist, was wir unter dem Dach des Deutschen Behindertensportverbandes vermitteln und umsetzen wollen.

Dieses Buch soll Sie, liebe Leserinnen und Leser, mitnehmen in die spannenden Tage von Rio mit seinen unzähligen Geschichten, Emotionen, Freuden und Enttäuschungen und soll zeigen, welche Dynamik und welche Ästhetik der Behindertensport bieten kann und soll allen Teilnehmerinnen und Teilnehmern, Familienmitgliedern und Freunden, Helfern, Unterstützern und Sponsoren eine bleibende Erinnerung an ein unvergessliches Ereignis sein.

FRIEDHELM JULIUS BEUCHER
Präsident des Deutschen
Behindertensportverbandes e.V.

VANESSA LOW *Leichtathletik, Weitsprung*

NIKO KAPPEL *Leichtathletik, Kugelstoßen*

FRANZISKA LIEBHARDT *Leichtathletik, Kugelstoßen*

JOHANNES FLOORS, FELIX STRENG, DAVID BEHRE, MARKUS REHM *Leichtathletik, 4x100-m-Staffel*

MARKUS REHM *Leichtathletik, Weitsprung*

MICHAEL TEUBER *Radsport Straße, Einzelzeitfahren*

HEINRICH POPOW *Leichtathletik, Weitsprung*

MARTIN SCHULZ *Triathlon*

BIRGIT KOBER *Leichtathletik, Kugelstoßen*

Deutsche
Goldmedaillen

DANIEL SCHEIL *Leichtathletik, Kugelstoßen*

HANS-PETER DURST *Radsport Straßenrennen*

HANS-PETER DURST *Radsport Straße, Einzelzeitfahren*

DOROTHEE VIETH *Radsport Straße, Einzelzeit-fahren*

VICO MERKLEIN *Radsport Straßenrennen*

CHRISTIANE REPPE *Radsport Straßenrennen*

ANDREA ESKAU *Radsport Straßenrennen*

STEFFEN WARIAS *Radsport Straßenrennen*

SEBASTIAN DIETZ *Leichtathletik, Kugelstoßen*

DENISE SCHINDLER *Radsport Straßenrennen*

THOMAS SCHMIDBERGER *Tischtennis*

NATASCHA HILTROP *Sportschießen, 10 m Luftgewehr liegend*

VANESSA LOW *Leichtathletik, 100 m*

FRANZISKA LIEBHARDT *Leichtathletik, Weitsprung*

CLAUDIA NICOLEITZIK *Leichtathletik, 100 m*

MARTINA WILLING *Leichtathletik, Speerwurf*

MARIANNE BUGGENHAGEN *Leichtathletik, Diskus*

DAVID BEHRE *Leichtathletik, 400 m*

EDINA MÜLLER *Kanu*

TOM KIEREY *Kanu*

ANNABEL BREUER, ANNEGRIT BRIESSMANN, LAURA FÜRST, BARBARA GROSS, SIMONE KUES, MAYA LINDHOLM, MAREIKE MILLER, MARINA MOHNEN, ANNE PATZWALD, GESCHE SCHÜNEMANN, JOHANNA WELIN, ANNIKA ZEYEN *Rollstuhlbasketball*

Deutsche
Silbermedaillen

DENISE GRAHL *Schwimmen, 50 m Freistil*

RAMONA BRUSSIG *Judo, bis 52 kg*

CARMEN BRUSSIG *Judo, bis 48 kg*

MAIKE NAOMI SCHNITTGER *Schwimmen, 50 m Freistil*

STEPHANIE GREBE *Tischtennis*

IRMGARD BENSUSAN *Leichtathletik, 400 m*

ANDREA ESKAU *Radsport Straßen-rennen*

MAX WEBER *Radsport Straßen-rennen*

IRMGARD BENSUSAN *Leichtathletik, 200 m*

THOMAS SCHMIDBERGER, THOMAS BRÜCHLE *Tischtennis Team*

ELKE PHILIPP, ALINA ROSENBERG, CAROLIN SCHNARRE , STEFFEN ZEIBIG *Reiten Team*

VALENTIN BAUS *Tischtennis*

IRMGARD BENSUSAN *Leichtathletik, 100 m*

STEFAN NIMKE (Pilot), KAI-KRISTIAN KRUSE *Radsport Bahn, Zeitfahren Tandem*

VICO MERKLEIN *Radsport Straßenrennen*

SEBASTIAN FRICKE (Guide), KATRIN MÜLLER-ROTTGARD *Leichtatheltik, 100 m*

CLAUDIA NICOLEITZIK *Leichtathletik, 200 m*

TORBEN SCHMIDTKE *Schwimmen, 100 m Brust*

DAVID BEHRE *Leichtathletik, 100 m*

Deutsche
Bronzemedaillen

FELIX STRENG *Leichtathletik, 100 m*

FRANCES HERRMANN *Leichtathletik, Speerwurf*

FELIX STRENG *Leichtathletik, Weitsprung*

JANA MAJUNKE *Radsport Straßen-rennen*

NIKOLAI KORNHASS *Judo, bis 73 kg*

DENISE SCHINDLER *Radsport Straßenrennen*

STEFFEN ZEIBIG *Reiten, Kür*

THOMAS ULBRICHT *Leichtathletik, 100 m*

Rio ist vorbelastet. Es gab sogar Momente, in denen die Paralympics in Brasilien in große Gefahr gerieten. Dann sind sie doch ausgetragen worden. Es sind die Wettkämpfe von Sportlern mit Behinderung, die sich endgültig aus der Nische in die Mitte der Gesellschaft emanzipiert haben. Es sind auch Wettkämpfe, die ein vorbildlicher Verband ausrichtet. Rio 2016 – das ist ein weiterer Schritt nach vorne.

Sir Philip Craven ist ein beeindruckender Mann. Der Chef des Internationalen Paralympischen Komitees (IPC) wahrt immer die Contenance. Er drückt sich nicht um unangenehme Wahrheiten, aber er ist gleichermaßen ein hoch diplomatischer Vermittler, wenn es mal kriseln sollte in der Sportwelt.

Mitte des Jahres 2016 wird selbst die Geduld dieses stressfesten Briten auf eine harte Probe gestellt. Die Paralympics von Rio gehen zu Ende, als der Chef der Spiele erzählt:

»Vor acht, neun Wochen war es ein Desaster. Es war praktisch kein Geld mehr da, und der CEO der Spiele, Sidney Levy, sagte unserem CEO, Olympia braucht Geld, Olympia bekommt das wenige Geld, das noch übrig ist, und es wird kein Geld für die Paralympics mehr da sein. Wir fragten uns, was wir tun sollten. Und warum zum Teufel wir das nicht sechs Monate früher erfahren haben oder vor einem Jahr, als diese Entwicklung sich auch schon angedeutet haben musste. Mich ärgert es einfach, wenn es in puncto Kommunikation so ein Defizit gibt, insbesondere, wenn es um die wichtigsten Partner bei so einem Event geht.«

Die Macher der Paralympics haben einen Plan B aus der Schublade gezogen und auf den letzten Drücker die Veranstaltung doch möglich gemacht. Deutsche Athleten, die sich aus Sorge vor Engpässen mit Sportlernahrung eingedeckt hatten, konnten ihre Müsliriegel, Energiedrinks und Broteinheiten wieder in die Heimat zurücknehmen – im Paralympischen Dorf wurden sie prächtig bekocht. Die Zimmer waren klasse, zu den Wettkämpfen kamen mehr als zwei Millionen begeisterte Zuschauer.

Die Paralympics 2016, so stellt ein beglückter Sir Philip Craven fest, »sind in den Herzen und Köpfen der Carioca, der Einwohner Rios, angekommen. Für sie waren es großartige Spiele. Wir haben hochkarätigen Sport gesehen, unzählige Weltrekorde. Ich bin sehr zufrieden.«

Das kann er auch wirklich sein. Die Zuschauer vor Ort waren gefesselt von den Auftritten der Sportler, die sich mit harter Arbeit und einem unvergleichlichen Willen in die Weltspitze gekämpft haben. Friedhelm Julius Beucher, Präsident des Deutschen Behindertensportverbandes, resümiert in der »Paralympics Zeitung«: »Hier in Rio erleben wir eine Zeit, der alle im Vorhinein mit Sorge entgegenblickten, um jetzt zu sehen, dass die düsteren Annahmen auf den Kopf gestellt werden. Die Paralympics sind keine Sportveranstaltung für Eliten, sondern die eines ganzen Volkes.«

Und Bundespräsident Joachim Gauck sekundiert an gleicher Stelle: »Am Leistungssport bewundern wir ja, dass Menschen sich sehr hohe Ziele setzen und diese dann mit einer enormen Willenskraft und großer Leistungsbereitschaft zu erreichen versuchen. Bei Menschen mit einer Behinderung ist die Anstrengung, große Ziele zu erreichen, noch

NICHT VERBIEGEN LASSEN

ausgeprägter. Wer das sieht, stellt sich vielleicht selber einmal die Frage: Und ich? Welche Ziele stecke ich mir? Traue ich mir genug zu? Aktiviere ich meine Kräfte?«

Zweifelsfrei haben die Wettkämpfer von Rio »es« dem Rest der Welt gezeigt. Doch Friedhelm Julius Beucher wäre nicht der aufrechte Streiter für seinen Sport, wenn er sich nun völlig der Euphorie hingäbe. Seine Devise: »Da, wo es klemmt, muss man den Deckel nicht zumachen.«

Im »Handelsblatt« sagt er: »Über viele Nationen, die im Medaillenspiegel über uns stehen, schwebt ein berechtigtes Misstrauen. Wenn im Fußball einer foul spielt, muss er vom Platz. Wenn hier einer foul spielt, hat er Glück, wenn er zum richtigen Verband gehört.«

Wer die Auftritte wichtiger Sportfunktionäre mitverfolgt, hat 2016 das Gefühl, Craven, Beucher und ihre Mitstreiter seien die Schrittmacher in Sachen Moral. Sie halten keine schönfärbenden Fensterreden; sie thematisieren, dass der moderne Sport voller Probleme steckt, »mehr als je zuvor. Das heißt auch, dass es unkontrollierte Athleten gab, die Siege gefeiert haben. Es kann nicht sein, dass

ein Athlet, den zwei Jahre vorher noch niemand kannte, plötzlich von Weltrekord zu Weltrekord läuft.«

Dr. Karl Quade, Chef des Mission des deutschen Teams, ergänzt: »Die Baustellen Doping und Klassifizierung müssen geschlossen werden. Da stehen die Verbände in der Bringschuld. Wenn nicht alle Athleten unter möglichst gleichen Bedingungen antreten, ist das alles witzlos.«

Barcelona 1992 waren die ersten Paralympischen Spiele, die Friedhelm Julius Beucher miterlebt hat, damals war er noch Bundestagsabgeordneter. Der Besuch der Wettkämpfe hat ihn geprägt. »Sie haben meine Vorstellung, Behindertensport sei Reha- und Versehrtensport, völlig gesprengt. In Barcelona erlebte ich perfekte Organisation, volle Stadien, riesiges Medieninteresse, tolle Leistungen. Als ich nach Haus kam, sagte mir meine Frau dann aber, sie habe in den Medien von den Paralympics nichts mitbekommen.«

Das sollte anders werden. »Ausnahmeathleten wie Marianne Buggenhagen, Verena Bentele, Martin Braxenthaler, Gerd Schönfelder, Markus Rehm oder Heinrich Popow haben der Politik, den

Medien und der Wirtschaft gezeigt: Behindertenleistungssport ist ein Feld, in das es sich lohnt zu investieren.«

Die Verantwortlichen haben Riesenfortschritte gemacht. Nehmen wir einmal die Paralympics des 21. Jahrhunderts:

Sydney 2000. Der Behindertensport wird endgültig salonfähig. Heute gelten die Paralympics in Sydney als Wendepunkt für die paralympische Bewegung. Damit Olympische und Paralympische Spiele enger zusammenrücken können, arbeiten die Organisatoren beider Wettbewerbe unter einem Dach. Paralympische Athleten stellen sich in Schulen vor, die Medien zeigen neben Olympioniken immer mehr auch paralympische Sportler. Im Umfeld der Wettbewerbe treffen sich auf einem paralympischen Kongress Sportler, Wissenschaftler, Journalisten und Pädagogen und denken über die Zukunft des Behindertensports nach.

Die Anstrengungen von Sydney tragen Früchte. Noch Jahre nach den Spielen schwärmen Athleten von der euphorischen Stimmung. »Zuerst kamen die Menschen vielleicht aus moralischen Gründen, nach Olympia wollten sie den Behinderten nicht die kalte Schulter zei-

gen; aber dann kamen sie wieder, weil sie unser Sport begeistert hat«, sagt Tim Matthews, der für Australien als Staffelläufer antritt.

Auch in Australien sind die Wirkungen noch immer spürbar. »Menschen mit Behinderung sind in die Mitte der Gesellschaft gerückt«, sagt Matthews. In Folge der Spiele verschärft die Regierung die Bauvorgaben für Barrierefreiheit, ein Programm fördert die Teilhabe am gesellschaftlichen Leben.

Athen 2004. Sogar die Taxifahrer der griechischen Hauptstadt strahlen, wenn sie auf die Paralympics angesprochen werden. Diese Begeisterung hat niemand vor den Wettbewerben erwartet. »Alle waren stolz«, erinnert sich Sakis Kostaris, der als Sitzvolleyballer teilgenommen hat. »In der Stadt spürten wir eine große Freude und die Bewunderung für die Athleten.«

Sogar die Akropolis wird rollstuhlgerecht umgebaut, auch die U-Bahn ist endlich barrierefrei. Als die öffentlichen Zuschüsse infolge der Wirtschaftskrise knapp werden, helfen Sponsoren. Und am Paralympic School Day feuern Kinder und Jugendliche aus dem ganzen Land die Athleten an.

In Sydney haben die Griechen nur an fünf Disziplinen teilgenommen, nun treten sie mit 124 Athleten in 18 Sportarten an. »Das hat unserem paralympischen Sport einen gewaltigen Schub gegeben«, sagt Kostaris.

Peking 2008. In China nimmt man die Aufgabe, perfekte Spiele auszurichten, ausgesprochen ernst. Im Organisationskomitee sitzen Menschen mit Behinderung, die wissen, was die Sportler brauchen. Die Infrastruktur der Wettkampfstätten, das Paralympische Dorf

KONSEQUENT. IPC-Präsident Sir Philip Craven bei der Abschlussfeier.

und viele Touristenattraktionen sind komplett barrierefrei.

»Schon die Eröffnungsfeier war auf höchstem Niveau«, sagt DOSB-Vizepräsidentin Gudrun Doll-Tepper. Hier integrieren die Organisatoren auch Künstler mit Behinderung. Während der Spiele profitieren die Athleten von perfekter Organisation: vom Transport bis zu den – natürlich perfekt geschulten – Freiwilligen. Die Tribünen sind voll besetzt, auch wenn die Stimmung nicht ganz so überschwänglich ist wie in Sydney.

Waren Rollstuhlfahrer in Peking noch in den 1990er Jahren ein seltener Anblick, gehören sie spätestens seit den Paralympics zum Straßenbild. »An den Hochschulen gibt es mittlerweile Studiengänge rund um den Sport für Menschen mit

Behinderung«, sagt Doll-Tepper. Außerdem öffnen sich die Unis für ausländische Forscher, um von deren Erfahrungen mit Inklusion zu lernen.

London 2012. So viel Einheit war noch nie. Es sind die Make-Love-Spiele. Cheforganisator Sebastian Coe nennt Olympia und die Paralympics grundsätzlich in einem Atemzug. Statt auf Perfektion setzen die Macher auf Nähe und Enthusiasmus. Die sportbegeisterten Briten stürzen sich auf die Eintrittskarten. 70.000 Freiwillige melden sich zur Unterstützung. Wer keine Karten für die vollen Tribünen bekommt, wird vom Fernsehen auf Channel 4 mit perfekten Bildern versorgt.

»Thanks for the warm-up.« Mit diesem an die Olympioniken gerichteten Slogan

Rio 2016

Loja Oficial

TREFFPUNKT. Einblick ins turbulente Treiben im Olympic Parc.

GUTE STIMMUNG. Im Deutschen Haus wurde
auch das Tanzbein geschwungen.

setzen die Paralympics den Ton für ihre
Wettbewerbe: herzlich, humorvoll, ehrgeizig. »Wir wollten die Sicht auf Menschen mit Behinderung ändern«, sagt
Katherine Allin vom Britischen Paralympischen Komitee.

Acht von zehn Menschen mit Behinderung in Großbritannien erwägen nach
den Paralympics, selbst Sport zu treiben.
Drei Viertel der Briten geben an, sie sä-
hen Menschen mit Behinderung nun
positiver. »Bis 2017 wollen wir das Ver-
einigte Königreich zum Vorreiter im paralympischen Sport machen«, sagt Allin.
Viele Experten meinen, dieses Ziel sei
schon längst erreicht.

Bei den Spielen von Rio ist das britische
Team häufig unter den Siegern. Britische
Medien jubeln, das sei dem Zusammen-
halt im »Team GB« geschuldet. Das frei-

lich ist schon ein wenig geschönt. Einer der Gründe für den Erfolg ist …

… Geld.

Exakter: Großbritannien trumpft bei den Paralympics auf, weil es die nationale Sportförderung gibt, um die sich die staatliche Agentur »UK Sport« kümmert. Die 1997 gegründete Organisation verwaltet umfangreiche Fördergelder, die überwiegend durch die britische Lotterie generiert werden. »Dieser Erfolg ist kein Zufall«, stellt Simon Timson, Direktor von UK Sport, klar. »Das ist das geplante Ergebnis unserer Maßnahmen – das Ergebnis von konsequenter, schlüssiger und gezielter Investition der Lotterie.«

Können sich die Deutschen da etwas abgucken? Sie werden es bedenken und gewichten, sie sind seriös und ha-

ben Visionen. Und sie haben die Stars, die man für eine gute Zukunft braucht.

Das sind Athleten wie Markus Rehm und Vanessa Low, wie Niko Kappel, Edina Müller und Martin Schulz. Und da sind Sportler wie der erfahrene Heinrich Popow. Er gewinnt Gold in Rio, und er ist ein Mann des offenen Worts:

»Der Sport von Menschen mit Handicap hat das Glück, noch andere Werte zu haben, die zurzeit in der Gesellschaft benötigt werden. Viele wissen nicht, wie sie mit stressigen oder negativen Situationen umgehen sollen. Die Identifikation mit uns ist meiner Meinung nach naheliegender als die Identifikation mit olympischen Athleten. Diesen Bonus sollten wir nicht verspielen. Ich glaube, dass wir das verlieren, wenn wir zusammengelegt werden und in der Hektik von Usain Bolt und Co. untergehen.«

So denkt Popow. So spricht er es aus. Ohne Schnörkel und ganz geradewegs. Der Mann ist ein Beispiel für aufrechtes Leben. Wie wir viele in Rio de Janeiro

KLARE MEINUNG. Heinrich Popow sagt, was Sache ist.

erlebt haben, bei diesen besonderen Spielen, die sich zu einer positiven Überraschung entwickelten.

GEFRAGTER MANN. Markus Rehm stellt sich zum Interview im Deutschen Haus.

ES KOMMT AUF JEDES DETAIL AN

Der Schriftzug »Rio 2016« ist auf der Kante der Tischtennisplatte verewigt, das Logo der Paralympics im Netz: Es ist angerichtet für die Spiele in Rio, die ersten Paralympics auf dem südamerikanischen Kontinent. Nicht alles war perfekt. Aber vieles hat gestimmt, bis ins Detail.

RIO HAT DIE BEGEISTERUNG GEPACKT

Was wurde im Vorfeld geklagt über fehlendes Geld und fehlenden Enthusiasmus. Falsch! Die Stadien waren voll, und die Welle der Begeisterung schwappte durch die Stadien und bis hinein in die Farvelas. Die Paralympics waren ein Fest für die Familien und ganz Brasilien.

DAS WASSERSPIEL
Schauen Sie, wie das Wasser über Brille, Gesicht und Körper gleitet. Ein beeindruckender Schnappschuss von den Schwimmwettbewerben, die dem DBS drei Medaillen einbrachten.

DER PRÄSIDENT HAT ALLES IM BLICK

Hoch oben am Zuckerhut schaut DBS-Präsident Julius Beucher hinunter auf die brasilianische Metropole, auf Rio und die Copacabana. Ein beeindruckender Blick auf beeindruckende Spiele in einem ungewohnten Umfeld. Die Bilanz, wenn auch nicht ganz so medaillenträchtig wie zuletzt in London, kann sich mit 18 Gold-, 25 Silber- und 14 Bronzemedaillen durchaus sehen lassen.

ES KOMMT INS ROLLEN

Reifen, Räder, Rollstühle: Unfassbar, welche Mengen an Material den Weg über den großen Teich finden mussten. Da ist Sorgfalt wichtig. Und Hightech entscheidet über Gold, Silber, Bronze oder Blech. Gerade im Radsport räumte das deutsche Team kräftig Medaillen ab. Vor allem auf der Straße.

AUF GEHT'S, JUNGS

Alle für einen, einer für alle, wir für Deutschland. Das galt auch auf den Rängen. Die Unterstützung für die
deutschen Athleten war beeindruckend, ob von mitgereisten Supportern oder anderen Sportlern. Hier wird
das deutsche Sitzvolleyball-Team lautstark angefeuert.

DEUTSCHLAND SEGELT MITTENDRIN
Die Kulisse ist beeindruckend. Gleich hinter dem Atlantik und lauschigen Stränden erhebt sich die Bergsilhouette auf dem brasilianischen Festland. Die Segler um Heiko Kröger hatten keinen Blick für den Zuckerhut. Ihre Konzentration galt dem Kampf um ihre letzten Medaillen - leider vergebens. Segeln ist in Tokio 2020 aus dem Programm genommen.

SCHWARZ-ROT-GOLD ÜBERALL

Die deutschen Farben waren auch an ungewöhnlichen Stellen vertreten. Ob in Haarspangen, auf den Fingernägeln oder sogar auf Prothesen – jeder der Athleten drückte auf seine Weise seinen Stolz aus und seine Verantwortung, das Team Deutschland würdig zu vertreten.

DAS ZIEL IM VISIER

Vier Jahre Vorbereitung für ein Ziel. Die Paralympischen Spiele als Höhepunkt einer Sportlerkarriere. Jeder ist fokussiert, hat sein Ziel fest im Visier. Wie hier Recurve-Bogenschütze Maik Szarszewski. Nicht immer klappt es mit dem Sprung aufs Treppchen. Aber auch persönliche Bestleistungen sind aller Ehren wert. Und zum Sport gehören auch die Enttäuschungen.

DAS FAHNENMEER VON RIO

Sie war überall. Im Maracanã-Stadion, in der Schwimm-Arena, beim Straßenrennen. Und wenn sie gebraucht wurde, fand die schwarz-rot-goldene Fahne beste Verwendung. Die Sieger strahlten um die Wette und demonstrierten Nationalstolz.

»WIE DIE MANNSCHAFT AUFGETRETEN IST, HAT MICH STOLZ GEMACHT«

Niemand hat so viel Erfahrung wie er. Deshalb zählt sein Urteil besonders. Dr. Karl Quade (61), der in Brasilien seine 14. Spiele erlebte – drei als Aktiver, die elften als Chef de Mission –, zieht in diesem Interview eine ganz persönliche Bilanz der Paralympischen Spiele von Rio de Janeiro.

DR. KARL QUADE CHEF DE MISSION DER DEUTSCHEN PARALYMPISCHEN MANNSCHAFT IN RIO DE JANEIRO.

Herr Quade, wie sieht Ihr ganz persönliches Fazit der Spiele von Rio aus?

Dr. Karl Quade: »Die Sorgen im Vorfeld, das gebe ich ehrlich zu, waren groß. Aber die Probleme, die es noch gab, sind nicht bei den Sportlern angekommen. Am Ende war alles gut. Es hat halt nicht nach unseren preußischen Tugenden funktioniert, aber irgendwie haben die Brasilianer immer alles hinbekommen. Ähnlich wie die Griechen 2004 bei den Spielen in Athen.«

Was war schöner als in London, was weniger?

Quade: »London war top in Organisation und Professionalität. Diese ersten Spiele in Südamerika waren anders. Mich hat besonders die Landschaft beeindruckt, die gewaltige Natur, die sich urwaldähnlich bis an die Stadtgrenzen erstreckt, die Strände, die Berge. Und mich haben dic Zuschauer beeindruckt.«

Inwiefern die Zuschauer?

Quade: »Sie haben eine spezielle Atmosphäre geschaffen, eine Herzlichkeit in die Spiele hineingebracht. Der Olympiapark war voll. Natürlich wurden brasilianische Athleten mehr bejubelt als andere, aber die Fans haben sich auch selbst gefeiert. Und sobald Musik ins Spiel kam, haben sie auf der Straße getanzt.«

Welche Leistung hat Sie am meisten überrascht, von wem hatten Sie mehr erhofft?

Quade: »Das wissen die Athleten selbst am besten – und die fachliche Auswertung dieser Spiele überlasse ich gerne den Trainern. Persönlich hat mich am meisten die 4 x 100-m-Staffel beeindruckt. Die vier haben sich selbst unter Druck gesetzt und die Leistung dann auf die Bahn gebracht. Auch wenn es zu Gold nur durch den Wechselfehler der Amerikaner reichte, sind sie Europarekord gelaufen. Eine Super-Leistung. Von wem ich mir mehr erhofft hatte? Wir haben nahezu alles ausgeschöpft, was an Medaillen möglich war. Und unsere interne Analyse hat auch ergeben, dass wir von der Abwesenheit Russlands nicht durch mehr Medaillen profitiert haben.«

Aber die Medaillenausbeute war nicht so gut wie in London. Besonders im Schwimmen.

Quade: »Eine erste Analyse aus dem Bereich Schwimmen ergibt: Ein Drittel unserer Athleten ist persönliche Bestleistung

TOLLE STIMMUNG, AUSGELASSENE BRASILIANER. »Die Zuschauer haben Herzlichkeit in die Spiele gebracht«, urteilt Karl Quade.

geschwommen, ein Drittel normal, ein Drittel hat es nicht hinbekommen. Natürlich müssen wir das in Ruhe aufarbeiten. Aber hier stoßen wir wieder auf ein anderes Problem. Nehmen wir Usbekistan, praktisch aus dem Nichts (in London eine Silbermedaille) gewinnt das Team in Rio 31 Medaillen, darunter 27 Medaillen in den Klassen der Sehbehinderten. Im Schwimmen wird der 100-m-Weltrekord bei den Damen in der Klasse S13 im Finale pulverisiert, bei der Klassifizierung und im Vorlauf schwamm die Sportlerin neun Sekunden langsamer. Dort werden offensichtlich Sportler ausgewählt nach Leistungsvermögen und dann versucht, sie als Quereinsteiger in gewisse Klassifizierungen zu bekommen. Obwohl die Statuten vorsehen, dass in den Klassifizierungsrennen volle Leistung abgerufen werden muss, passiert das leider häufig

nicht. Wie immer nach solchen Spielen wird über die Klassifizierung diskutiert, und wir müssen mal wieder überdenken, wie wir das System verbessern können. Da wurde offensichtlich, dass die Klassifizierung nicht mehr nur ein internes Thema ist, hier wurde es sichtbar nach außen getragen.«

Wie fällt denn Ihre persönliche Medaillenbilanz aus: ausreichend? Zufriedenstellend?

Quade: »Absolut zufriedenstellend. Es waren zwar weniger Medaillen als in London, dafür mehr Goldene und viele tolle vierte Plätze. Schade, dass Radsportlerin Denise Schindler auf der Bahn gleich zu Beginn disqualifiziert wurde. Medaillen zu Beginn der Spiele können der ganzen Mannschaft einen Schub geben und zusätzlich motivieren. Dafür haben wir am Ende beim Radsport fast alles ge-

wonnen. Auf der Bahn hatten wir mit ein, zwei Medaillen gerechnet. Aber dass auf der Straße alle Sprintentscheidungen gewonnen wurden, damit konnte niemand rechnen. Und dann waren da viele junge Athletinnen und Athleten wie Léon Schäfer im Weitsprung, die für die Zukunft viel versprechen und in Tokio Medaillenkandidaten sein werden. Schäfer wurde in der Klasse von Goldmedaillengewinner Heinrich Popow mit persönlicher Bestweite guter Vierter. Ihn habe ich mir gesondert zur Seite genommen und für Tokio zu motivieren versucht. Er zählt zu den vielversprechenden Medaillenkandidaten der Zukunft.«

War es Zufall oder Absicht, dass die Vielzahl der Medaillen in den beiden Sportarten Leichtathletik und Radsport gewonnen wurden? Liegt der Schwerpunkt der Förderung nur auf den Top-Sportarten?

STRAHLENDES DOPPELGOLD. Markus Rehm im Fokus der Kameras. Die Leichtathleten sammelten insgesamt 25 Medaillen und schnitten damit besser ab als in London oder Peking.

Quade: »Zählen wir das Schwimmen hinzu, werden in diesen drei Sportarten 75 Prozent aller Medaillen vergeben. Darauf muss also auch unser Fokus liegen. Diese drei Sportarten werden gut ausgestattet in ihren Strukturen, in internationalen Veranstaltungen, in Trainingslagern. Das ist so gewollt, und das muss auch so bleiben.«

Präsident Beucher hat in einem ZDF-Interview weitere Fördermittel angemahnt, um Platz sechs im Medaillenspiegel verteidigen zu können. Haben Sie Vorschläge, was wie verbessert werden kann?

Quade: »Ja, wir müssen auch infrage stellen, ob alles richtig ist, was wir so machen. Klar ist auch: Ohne weitere Professionalisierung wird es nicht gehen. Bei uns ist die öffentliche Hand für die Finanzierung der Strukturen zuständig, für Trainer, für Material. Die Finanzierung der Sportler aber ist nicht abgedeckt. Nehmen wir die französische Tischtennismannschaft: Die konnten sich ein halbes Jahr wie Vollprofis auf die Spiele vorbereiten. Das konnten wir unseren Athleten nicht bieten.«

Ist das auch ein Grund, warum England so erfolgreich ist?

Quade: »In Großbritannien gibt es keinen Unterschied zwischen Olympia und Paralympics, die Förderung ist identisch. Zum einen fließt da ein Vielfaches der Mittel, zum anderen ist die Förderung anders organisiert.«

Können wir von anderen Nationen lernen?

Quade: »Von den so erfolgreichen Chinesen können wir uns sicher wenig abgucken. Da ist England schon ein besseres Beispiel. Dort werden viel weniger Sportler als in Deutschland gefördert, es findet also eine ganz andere Fokussierung statt. Da müssen wir uns schon hinterfragen, was wir wollen: mehr Breitenförderung oder mehr Medaillen.«

Also bringt mehr Geld mehr Medaillen?

Quade: »Zunächst sind sicher die Strukturen entscheidend und das Material. In diesen Bereichen können wir auch noch an Stellschrauben drehen, haben aber sicher keine Defizite im internationalen Vergleich. Aber ohne Professionalisierung wird es nicht gehen. Die Athleten müssen sich voll auf den Sport konzentrieren können, wollen wir weiter an Medaillen denken. Das Top-Team für Tokio wird bereits Anfang 2017 zusammengestellt. Also müssen wir jetzt die Voraussetzungen schaffen, damit wir bei den nächsten Sommerspielen ähnlich erfolgreich sein können. Und nach so einem großen Event müssen wir uns auch selbst hinterfragen, ob wir alles richtig machen oder richtig gemacht haben.«

Auch das Thema Doping war bei den Paralympics wieder allgegenwärtig. Haben Sie den Ausschluss Russlands begrüßt?

Quade: »Durch den McLaren-Report wurde erstmals valide ein flächendeckendes Doping bestätigt und damit, dass der WADA-Code nicht erfüllt wurde. Deshalb hat das IPC konsequent gehandelt und endlich mal ein Zeichen gesetzt, das hoffentlich Vorbild für weitere Entscheidungen sein wird. Das würde ich mir auch vom IOC wünschen.«

... aber trotzdem gab es weitere Dopingfälle.

Quade: »Auch das Strafrecht kann nicht Verbrechen verhindern, sondern nur abschrecken und konsequent Straftaten verfolgen. So ist es auch beim Doping. Wir müssen die schwarzen Schafe überführen, gleiches Recht für alle ermöglichen, den Betrug verfolgen und aufdecken sowie vor allem betrugsähnliche Strukturen unterbinden. Deshalb fand ich das IPC-Urteil, das übrigens in allen Instanzen inklusive eines Landgerichtsprozesses in Bonn bestätigt wurde, wegweisend.«

Wie sieht Ihr Gesamtfazit der Spiele von Rio aus?

Quade: »Wie die Mannschaft aufgetreten ist, wie sie Deutschland repräsentiert hat, hat mich stolz gemacht. Sie hat ihre Vorbildfunktion vorbildlich ausgeübt, konsequent, kritisch, mündig, auch mit klarer Meinung – das war eine tolle Geschichte. Auch die Leistungen sind hoffentlich Ansporn für viele Sportler mit Behinderung Richtung Tokio.«

Es waren Ihre 14. Spiele. Wenn Sie zurückblicken auf die Anfänge: Wie beurteilen Sie die Entwicklung?

Quade: »Die Entwicklung ist deutlich schneller gegangen als bei Olympia. Bereits 2008 waren die Paralympics größer als die Olympischen Spiele in München 1972. Die Paralympics haben ein eigenes Selbstverständnis entwickelt und verfolgen Ideale – sicherlich auch, weil weniger Geld eine Rolle spielt –, die ich mir auch vom IOC wünschen würde. Die Paralympics sind etabliert, haben die Medien und die Menschen erreicht und dazu geführt, dass die sportlichen Leistungen akzeptiert und anerkannt werden. Das ist eine tolle Geschichte, daran müssen wir weiter arbeiten.«

Der German Paralympic Media Award
Auf die Plätze. Fertig. Los!

Deutschlands größter Medienpreis im Bereich Behindertensport

Seien Sie dabei!

Gesucht werden jedes Jahr überzeugende Reportagen, Analysen
sowie Interviews und andere Formen der Berichterstattung über
Sport von Menschen mit Behinderung in den Kategorien

- **Print**
- **Foto**
- **TV / Film**
- **Hörfunk**
- **Online / Social Media**

Machen Sie mit!

Foto-Credits

Ulrich Gasper

Seite 12, 13, 14, 15, 16, 20, 36, 43, 44, 48, 50, 77, 83, 88, 99, 107, 116, 117, 118, 119, 126, 130, 131, 132, 146, 147, Vor- und Nachsatz

Andreas Joneck

Seite 74, 100, 104, 124, 127, 128, 146, 147

Oliver Kremer

Seite 10, 11, 12, 13, 14, 15, 19, 20, 22, 28, 30, 40, 41, 58, 59, 60, 62, 63, 77, 90, 92, 93, 94, 95, 96, 99, 106, 112, 124, 125, 126, 129, 133, 146, 147, Vor- und Nachsatz

Ralf Kuckuck

Titelfoto, Seite 10, 11, 12, 13, 14, 15, 21, 26, 32, 40, 41, 50, 52, 53, 64, 65, 66, 68, 70, 71, 75, 76, 80, 81, 84, 86, 89, 95, 99, 100, 106, 110, 111, 112, 113, 125, 130, 131, 146, 147, Vor- und Nachsatz

Binh Truong

Seite 6, 10, 11, 12, 13, 14, 34, 38, 40, 41, 54, 56, 57, 63, 70, 72, 75, 78, 80, 82, 98, 101, 102, 104, 105, 110, 114, 118, 122, 124, 128, 129, 146, 147, Vor- und Nachsatz

picture alliance

Seite 8, 10, 12, 14, 15, 18, 24, 42, 87, 108, 112, 122, 123, 128, Hintergrundfoto Titel, Seite 5, 47, 121, 139

Getty Images

Seite 156

Kevin Müller

Seite 59

Heike Werner

Seite 12

PARALYMPICS
2016

Tag

1

AUFSTEHEN! WEITERMACHEN! LOS!

Es gibt Berichterstatter, die nach der Eröffnungsfeier der Paralympics einen »Eklat« für das bemerkenswerteste Ereignis des Abends halten. Wie töricht. Der Auftakt der Wettbewerbe ist eine großartige Fiesta des Lebens.

→

DIE FACKEL BRENNT. Der brasilianische Schwimmer Clodoaldo Silva entzündete bei strömendem Regen das Paralympische Feuer.

DER EINMARSCH. Weitspringer Markus Rehm führt die deutsche Delegation an und trägt die Fahne ins legendäre Maracanã-Stadion von Rio de Janeiro.

Als sich 80.000 Menschen vor Ort bei der Eröffnungsfeier der Paralympics von Rio 2016 in bester Feierlaune eingerichtet haben, droht die schöne Veranstaltung zu implodieren.

Bislang haben die Zuschauer fasziniert auf das Geschehen in der Arena geblickt. Es ist eine Zeremonie voller Emotionen und bleibender Bilder.

Bis jetzt.

Doch nun wird die Ehrentribüne ins Rampenlicht getaucht. Und das tut der Veranstaltung so gar nicht gut.

Zum einen wird augenscheinlich, dass da jemand fehlt: Thomas Bach, der oberste Olympier, hat keine Zeit. Er hat sich entschuldigen lassen, weil er in Berlin das Staatsbegräbnis für den Altpräsidenten Walter Scheel nicht verpassen wollte. Aber zugleich teilt das IOC mit, dass Thomas Bach keine Möglichkeit habe, die Paralympics zu besuchen, ›da er seit langem anderweitige Verpflichtungen hat‹.«

Dafür hat sich wenigstens Michel Temer ins Stadion getraut.

Michel Temer, Interimspräsident des gebeutelten Brasilien, wollte ja so gern mit Olympia punkten, aber die Landsleute gönnen es ihm einfach nicht. Bei der Eröffnung der Spiele im August wurde der gebürtige Libanese so schrill ausgepfiffen, dass er am Schlusstag einen großen Bogen um die VIP-Tribüne des Maracanã-Stadions machte.

Nun beginnen die Paralympics. Vielleicht kann er da etwas für seine dümpelnde Popularität (nur fünf Prozent der Brasilianer mögen den Mann) tun. In den Wochen vor den Wettkämpfen hat sich Temer – ein begnadeter Netzwerker und ein Amigo des großen, bisweilen schmutzigen Geldes – auffällig stark für die Spiele der Behinderten gemacht.

Er hat Abermillionen Dollars organisiert. Sogar einen zusätzlichen Sponsor hat er aufgetan. Und seine Beziehungen spielen lassen, damit in den Tagen vor den Wettkämpfen noch viele, viele Tickets zu Discounterpreisen unters Volk gebracht werden konnten. Nun, da die Wettkämpfe beginnen, sieht es so aus, als ob die Athleten vor großer Kulisse ihr Können zeigen dürfen.

Also will er die Ernte einfahren, der wendige Herr Temer. Steht am Mikro und möchte ein paar Worte an die Welt richten. Doch er ist kaum zu hören. So wie Temer werden nicht mal die ungeliebten Argentinier im Maracanã ausgepfiffen und niedergebuht. Also erklärt er die Paralympics für eröffnet, setzt sich wieder – und die Kommentatoren notieren, dass die Paralympics 2016 ihren ersten »Eklat« hätten.

So ein Quatsch!

Es ist eine großartige Eröffnungsfeier. Thema: Behindert? Wir doch nicht. Wir lassen uns nicht behindern, wir sind stark. Wir lachen. Wir feiern. Wir kämpfen.

Der Erste, der die Sportwelt an diesem Abend des 7. September 2016 in den Bann schlägt, ist Aaron »Wheelz« Fotheringham aus Las Vegas.

»Meinen ersten Rollstuhl bekam ich im Alter von drei Jahren. Aber bis zu meinem achten Lebensjahr bin ich hauptsächlich auf Krücken gelaufen. Dann brauchte ich eine zweite Hüftoperation, die aber nicht so wirklich funktionierte. Nach der dritten OP konnte ich dann nur noch den Rollstuhl benutzen. Die Sachen mit den Stunts habe ich meinem Bruder im Park abgeschaut. Ich kann das, weil ich nicht aufgebe. Beim Einstudieren neuer Elemente muss ich mit Stürzen umgehen. Aber das macht nix, weil ich sowieso nicht laufen kann. Nur ein Witz! Mir geht's gut.«

Das Licht geht an im Maracanã, Aaron rollt eine riesige Rampe hinunter aufs Stadioninnere zu und wird in die Luft katapultiert. Salto rückwärts, atemberaubende Höhe. Der Junge dreht sich, landet schließlich in einem riesigen Luftkissen.

Aaron sitzt im Rollstuhl und explodiert vor Freude. Stunt gelungen. Im Stadion flippen sie aus.

Die Show nimmt ihren Lauf. Sie tanzen am virtuellen Strand den Samba, Menschen mit und ohne Behinderung - bis die Sonne untergeht. Blindenstöcke führen ein Ballett auf. Renata und Oscar können nichts oder kaum noch etwas sehen. Sie tanzen in erschütternder Vertrautheit.

João Carlos Martins, blauer Anzug, schlohweißes schulterlanges Haar, 76 Jahre, spielt die Unabhängigkeitshymne am Tag der Unabhängigkeit. Mit einem Finger.

RIO IS YOURS. Gruppenbild mit Bundespräsident Joachim Gauck, Lebensge-
fährtin Daniela Schadt und DBS-Präsident Beucher am Frankfurter Flughafen
vor dem Abflug nach Rio de Janeiro zu den ersten Spielen in Südamerika.

Martins war ein Wunderkind am Flügel. Einer der größten Bach-Interpreten aller Zeiten. Brach sich beim Fußball einen Finger, verlor das Gefühl in den Händen, ging durch die härtesten Qualen der Therapie, kehrte zurück in die Konzertsäle, wurde überfallen, sie brachen ihm die Knochen, er kann mittlerweile nur noch einen Daumen bewegen.

»Du darfst nicht aufgeben. Ich habe zehn Stunden am Tag geübt. Unerträgliche Schmerzen waren das. Die Linke war für Bach und Mozart und die Großen da. Die Rechte hatte ich, um die korrupten Politiker zu ›killen‹.

Ach nein, dafür hatte ich keine Zeit. Es gab nur die Kunst. Ich übte und übte – gegen alle Schmerzen. Der Lohn war, dass ich ein Ravel-Konzert zum französischen Nationalfeiertag auf den Champs-Élysées spielen durfte. Und jetzt dieser Auftritt bei den Paralympics. Was für ein Sieg!«

Sein Daumen streichelt die Tastatur. Die Brasilianer hören ihre Hymne, wie sie noch nicht gespielt worden ist. Leise, eindringlich, liebevoll. Das Stadion ist stumm.

Die deutsche Mannschaft steht im dunklen Tunnel. Sie stimmen lautstark und voller Vorfreude »Super-Deutschland, olé« an. Dann geht Markus Rehm mit der Fahne vorneweg ins Maracanã-Stadion.

Ein Gänsehautmoment.

Im Stadion angekommen geht das Programm weiter.

Vor 16 Jahren kam Amy Purdy dem Tod ganz nahe. Infolge einer Hirnhautentzündung fiel sie ins Koma, ihre Überlebenschance lag bei zwei Prozent. Sie verlor Nieren, Milz und Unterschenkel.

Aber die Frau aus Las Vegas dachte nicht daran, klein beizugeben. 2014 gewann sie bei den Paralympics in Sotschi (Russland) Bronze mit dem Snowboard. Sie hat eine grandiose Karriere als Model gemacht, sie betreibt ein eigenes Unternehmen. Sie übernimmt bei der Eröffnungsfeier der Paralympics 2016 den Fachbereich Erotik.

»Mein rettender Gedanke: Wäre mein Leben ein Buch und ich die Autorin, wie sollte es weitergehen? Vor meinem inneren Auge sah ich mich wieder auf dem Snowboard stehen. Das gab mir Kraft. Ich habe meine eigenen Prothesen zum Tanzen und Laufen entwickelt. Wenn man kreativ ist und sich anpasst, ist alles möglich. Das Leben ist gut zu mir.«

Amy Purdy, das Snowboard-Model, tanzt mit einem Roboter aus Augsburg. Sie ist langmähnig und blond, hat fürs Laszive die Tanzprothesen angeschnallt, dann die sportlichen Laufhilfen.

Die Schöne und das orangefarbene Biest. Ein Pas de deux, der den Roboter ganz wuschig macht. Schlussendlich bekommt er sie in die Kralle, hebt sie sachte in die Luft. Sie hängt an seinem Arm und lässt die Beine im Leeren laufen – Mann, sieht das geil aus!

Der Roboter setzt sie auf den Boden. Amy geht ab, das perfekte Model. Sex on legs. Da kann sich Gisele Bündchen was von abschneiden.

Sir Philip Craven redet zu den Menschen. Der IPC-Präsident sagt gern mal zu Journalisten: »Ich bin nicht behindert. Ich brauche einen Rollstuhl – na und? Das ist doch keine große Sache! Du hast Beine, ich hab' Räder. Und ich habe sogar auch Beine, also habe ich eigentlich mehr als du.«

Mit der britischen Rollstuhlbasketball-Nationalmannschaft wurde Craven 1973 Weltmeister. Er gewann zweimal Gold bei der Europameisterschaft und siegte bei den Commonwealth Games. Seit 2001 ist er Chef des Internationalen Paralympischen Komitees – ein Mann der klaren Linie und der ehrlichen Kommunikation. Er hat keine Bange gehabt, Russland wegen Dopings von den Spielen 2016 auszuschließen.

Nun spricht er im Maracanã davon, wie sehr er sich freue, zwei Athleten des In-

dependent Teams (sie kommen aus Syrien und dem Irak) begrüßen zu können. Und zu den anderen sagt er:

»Bleibt fair, gebt euer Bestes und haltet euch an die Regeln, die wir uns gegeben haben. In den letzten Wochen habt ihr gezeigt, dass diese Spiele die Spiele für uns alle sein sollen. In den nächsten zwölf Tagen werdet ihr sehen, was die wahre Kraft des Geistes und des Sports ist. Eine Welt von unendlichen Möglichkeiten.

Eure Werte zeigen den Menschen, wer ihr seid. Zeigt uns, dass die Hoffnung immer die Angst besiegen wird. Zeigt uns, dass wir alle Teile einer Welt sind.«

Sir Philip Craven ist an diesem Abend ein Funktionär, den sie lieben. Das hat er sich hart erarbeitet.

Der Abend ist fast zu Ende. Menschen tragen die Fackel mit dem Paralympischen Feuer ins Stadion. Schwer geschädigte Kinder sind dabei, Männer und Frauen mit Prothesen, ehemalige Paralympics-Sieger.

Eine gebrechliche Dame übernimmt die Fackel. Man kennt sie in Brasilien, man verehrt sie. Was für eine tapfere Lady! Marcia Malsar, die Bewegungsstörungen hat, gewann 1984 in New York als Läuferin die erste Goldmedaille für Brasilien

HOHE EHRE. Bundespräsident Joachim Gauck mit seiner Partnerin Daniela Schadt verabschieden in Frankfurt die paralympische Delegation nach Rio und wünschen DBS-Präsident Friedhelm Julius Beucher viel Erfolg.

bei Paralympics gewonnen. Die Krankheit hat sich verschlimmert, Marcia tut sich sehr schwer, wenn sie mit ihrer Gehhilfe das Haus verlässt. Eine Ampelphase reicht nicht aus, wenn sie über die Straße will. Da müssen die Autofahrer schon den Weg frei geben.

»Als ich damals, 1984, gewonnen habe, haben wir noch gar nicht geahnt, wie viel in unserem Sport steckt. Aber wir wussten, dass der Sport uns ins Leben führte.«

Die Frau stürzt – sie ist so aufgeregt, und der Weg bis zur sehbehinderten Sprinterin Ádria Santos ist so weit.

Da liegt Marcia wie ein Käfer auf dem Rücken, neben ihr die Fackel und die Gehhilfe. Zwei Männer eilen hin, trauen

sich nicht; dann fasst sich einer ein Herz und greift der Frau unter die Achseln. Der andere packt auch an. Sie drücken ihr die Fackel in die Hand, die Gehhilfe geben sie ihr.

Marcia geht weiter, Schritt für Schritt. Es sind wacklige, beängstigend kleine Schritte. Die Frau lächelt. Sie geht und geht und geht. Noch zehn Meter, noch fünf, gleich hat sie es geschafft.

Im Maracanã sind alle von den Sitzen. Mehr Lärm haben auch Usain Bolt oder die brasilianische Fußballmannschaft vor ein paar Wochen nicht verursacht.

Marcia übergibt die Fackel. Sie strafft den Rücken und blickt in die Runde.

Na bitte!

Das war's!

Tag 2

ZUM KUGELN SCHÖN!

Das Finale der Vier-Kilo-Kugelstoßer ist ein Krimi. Ein Pole lässt gleich mal keinen Zweifel, dass Gold für ihn reserviert ist. Doch einen deutschen Newcomer kümmert das nicht die Bohne. Der 21-jährige Niko Kappel stößt so gut wie noch nie in seinem Leben. Nach sechs Versuchen hat er gewonnen. Ein Zentimeter macht den Unterschied. Niko Kappel ist am Ziel. Nach einem langen, harten Weg. →

DAS ERSTE GOLD. Niko Kappel holt überraschend den Sieg im Kugelstoßen der Kleinwüchsigen – mit einem Zentimeter Vorsprung.

Schon im Kindergarten war Niko der Sonnenschein. Das Kind lachte stellvertretend für seine Mitmenschen die Sorgen weg. Dauernd in Bewegung, neugierig wie ein kleiner Juge und freundlich mit jedermann.

Irgendwie juckte es ihn nicht sehr, dass er »einfach nicht wachsen wollte« (so erzählt es die Mutter später).

Er hatte ja seine immer gute Laune und den Opa. Der hörte, dass im Kindergarten die Stühlchen zu hoch für Niko waren. Wenn sich die Kids zum Essen an den Tisch setzten, baumelten Nikos Füße in der Luft.

Da kam der Großvater mit der Säge und kürzte einen Stuhl. Problem behoben.

Niko hat Sport immer geliebt. Besonders Fußball. Also ist er in den Verein von Welzheim gegangen. Er war wieselflink und wollte Tore machen. Anfangs ist er ein toller »Knipser« gewesen. Größere Gegner hat er »in der Telefonzelle« ausgespielt, es war eine Schau.

Und am Spielfeldrand standen die Mama und der Opa und wunderten sich, woher der Bub diesen Sturm und Drang nahm.

»2008 habe ich das erste Mal gehört, dass es das Kugelstoßen und das Speerwerfen, die Olympischen Spiele auch für Kleinwüchsige gibt. Habe das im Fernsehen verfolgt.«

Und hier beginnt die Karriere eines deutschen Leistungssportlers, der von ganz unten kommt, von ganz oben träumt – und seinen Weg macht.

»Ich bin immer wieder mal zu Treffen von Kleinwüchsigen gegangen. Und bei einem haben wir – just for fun – ›Jugend trainiert für Paralympics‹ nachgespielt. Das war in Stuttgart.«

Was er nicht wusste: Am Rand des Geschehens sahen sich Experten des Behindertensportverbandes nach Talenten um. Sie schauten diesem Jungspund aus Welzheim zu und wunderten sich, dass er ihnen vorher noch nicht aufgefallen war. Der Bursche war unbekümmert, hatte eigentlich keine Ahnung von Technik und Umsetzung. Aber er warf weit und stellte sich geschickt an.

Ob er schon im Verein sei, fragten sie ihn. Na ja, erzählte der Junge, er spiele Fußball. Aber mit 13, 14 wurde es eben schwierig. Die anderen wuchsen in die Höhe, und er blieb ein Kleiner.

»Ich kann ja nicht mehr richtig mittun bei denen. Wenn da eine Flanke kommt, habe ich keine Chance beim Kopfball.«

»Haschd ned Luschd? Komm doch zu uns.«

So fing das an mit dem Training.

»Das war mein Ding. Ich war total happy, dass ich das gefunden hatte.«

2010 schafft er die Norm für den C-Kader, darf bei der Junioren-WM starten.

»Da haben sie mich total rasiert. Aber das hat sein Gutes gehabt. Jetzt wusste ich, wohin die Reise gehen muss. Ich hatte nun eine Vorstellung davon, wie viel Arbeit ich in den Sport stecken musste. Das war ein korrektes Gefühl. Nun war ich motiviert.«

2015 ist er endlich ganz oben angekommen. In Doha wird Kappel bei der Weltmeisterschaft Zweiter.

»Es war die erste WM mit den Großen. Ich war toll vorbereitet. Aber als wir dann im Flieger saßen, sagte ich zum Trainer Peter Salzer: ›Hey, ich bin supernervös.‹ Er hat gegrinst und gemeint, das legt sich. Und es war ja auch so: Ich bin raus ins Stadion und habe vor Stress noch zittrige Knie gehabt. Aber nach dem ersten Stoß war alles okay.«

Kappel richtet sein Leben nach dem Sport aus. Er trainiert im Wurfteam am Olympiastützpunkt Stuttgart. Eine eingeschworene Truppe sind sie. Puschen sich zu mehr Leistung und größerer Disziplin. Sie stehen auch in Kontakt, wenn sie einander mal nicht sehen. Man hat ja den Computer – da kann man einen Mordsmotivations-Chat aufbauen.

»Na ja, oft haben wir das dann aber nicht gebraucht. Wir haben uns ja vier-, fünfmal in der Woche gesehen, waren wie Arbeitskollegen.«

Sie werken am gleichen Projekt: Besser werden!

»Jeder muss da durch. Die Leute haben individuelle Stärken und Defizite. Da ist es gut, wenn mehrere Sportler im Programm sind. Egal, wie groß einer ist – das Ziel ist, die Stärken zu optimieren und die Schwächen auszumerzen. Du guckst dir was bei den Kollegen ab. Du siehst, wenn einer in eine Sackgasse rennt, und kannst es dann selbst vermeiden. Man gibt sich Tipps, man denkt für die anderen mit. So einfach ist das.«

JUBELSPRUNG. Niko Kappel lässt seiner Freude freien Lauf, hüpft auf das Siegerpodest...

FAIRE GESTE... und gratuliert dem bisherigen Seriensieger Tyszkowski aus Polen zu einem großen Wettkampf.

Niko Kappel wird eins mit der Vier-Kilo-Kugel. Er feilt an der Drehstoßtechnik, die ihm anfangs noch zu kompliziert erschienen ist. Klar, das ist ein komplexer Vorgang: Kappel streckt die Vier-Kilo-Kugel mit dem rechten Arm nach oben, tippt mit dem linken Fuß auf den Boden, es folgt eine schnelle Drehung – Arm raus und weg mit dem Eisen.

Er weiß schon kurz nach dem Einstieg in den harten Sport, dass er zu den Spielen will. Das kann er ja planen, das muss er planen.

Kappel gehört zu einer Generation von Sportlern, die ihre Disziplin »neu erfinden«. Die Leistungen explodieren. Als er einsteigt, liegt der Weltrekord bei 11,50

Meter. Inzwischen reicht diese Weite nicht mal mehr zur Qualifikation für die Paralympics. Schon in Doha stößt er die Kugel auf 12,85 Meter. Als er nach Rio fliegt, steht als persönliche Bestmarke die Zahl 13,26.

Aber da muss noch mehr drin sein. Kappel organisiert am Stützpunkt einen Kraftraum, in dem er und die Kollegen gezielt Muskeln tunen können.

Im April gibt er dem lokalen »regio tv« ein Interview. »Olympia, die Paralympics – das ist mein großer Traum. Es hat sich ja bei uns viel getan. Wir werden mehr und mehr wahrgenommen, auch bei den Wettkämpfen in der Region. Die Leute beginnen, sich für das zu interessieren,

was wir da tun. Aber ohne die Paralympics wäre das nichts.«

Es ist ein harter Weg zu den Spielen. Nach der Arbeit bei einer Bank in Welzheim möchte Niko auch gerne mal den Fernseher einschalten und sich auf die Couch legen. Da gibt es die Wochenenden, an denen die Gleichaltrigen um die Häuser ziehen. Aber er hat den Sport. Training Tag für Tag, trommeln in der Ortskapelle, die Sitzungen im Gemeinderat, dem er schon in jungen Jahren angehört – wenn er abends heimkommt, ist er zu müde zum Fernsehen – und am Wochenende geht's zum Wettkampf.

Lange hat er einen Fulltime-Job bei der Bank. Am 1. Januar 2016 reduziert er das auf 65 Prozent der üblichen Arbeitszeit – mehr und mehr dominiert Rio sein Leben.

Der Reporter von regio tv fragt, was denn die Regeln seien in diesem seltenen Sport.

Selten? Das muss Niko Kappel erst einmal korrigieren. »Jedes zehntausendste Kind ist kleinwüchsig. Die Konkurrenten dürfen nicht größer als 1,45 Meter sein. Zulässige Armlänge vom Schultergelenk bis zu den Fingerspitzen: maximal 60 Zentimeter. Beides zusammen darf zwei Meter nicht überschreiten. Diese Regel gibt es seit 2012. Da sind in London Chinesen an den Start gegangen, die konnte man nicht schlagen. Die hatten Arme bis zum Boden.«

Niko ist 1,40 Meter groß und erfüllt alle Kriterien. Ein Kraftwerk sei er, sagen die Freunde. Das tut Niko Kappel mit der Bemerkung ab, wenn man seinen Körper vermesse, komme man – so ist das nun mal – auf einen Body-Mass-Index von 34. Nach den Kriterien der Krankenkassen gilt ein Mensch mit einem solchen Wert als »krankhaft fettleibig«. Ist das nicht wahnwitzig?

Jetzt stehe Rio vor der Tür. Ob er immer noch so nervös sei wie vor der WM in Doha?

Kappel rudert vergnügt mit den Armen. »Nee, warum soll ich nervös sein? Rio wird das Größte. Ich mache mir keinen Druck. Ich gebe Gas und genieße.«

DER SISTER ACT. Carmen und Ramona Brussig, Zwillingsschwestern aus Schwerin, machten es im Gleichklang. Beide holten Silber in ihren Judo-Gewichtsklassen.

Sie jetten nach Brasilien. Niko Kappel – die Mannschaftskollegen rufen ihn »Bonsai« – mischt mit seiner guten Laune den Flieger auf. Er findet es so geil in der neuen Bleibe, er ist stolz, einer von mehr als 4000 Sportlern bei den Paralympics zu sein. Sein Körper ist bereit für den großen Auftritt.

Natürlich ist er doch irre aufgekratzt, als er am 8. September zum ersten Mal in den Ring tritt. Er wird sich langsam steigern, hat sich Niko vorgenommen. Ein, zwei Sicherheitsstöße, dann wird man sehen.

Gold? Davon braucht er nicht mal zu träumen. Da gibt es den Polen Tyszkowski. Normalerweise ist das ein netter Kerl, aber während des Wettkampfs mutiert er zum Tier. Tolle Technik, eine Kraft zum Fürchten. Und nervös ist der Typ nie. In den vergangenen vier Jahren hat er jeden EM- und WM-Titel gewonnen, bei allen Meetings hat er abgeräumt. Der kann gleich mal den Goldwert der Rio-Medaille schätzen lassen.

Nach dem dritten Versuch liegt Tyszkowski in Front. 13,56 Meter! Wie soll man das toppen? Kappel sprintet in die Kurve und lässt sich vom gestikulierenden Coach letzte Anweisungen geben. Okay, dann probieren wir das, signalisiert er. Soweit er den Peter verstanden hat, hat ihm der bedeutet, dass er sich nicht ohne Gold im Paralympischen Dorf blicken lassen soll. Also legt Kappel eine Schippe drauf. 13,38 Meter im vierten – und dann 13,57 Meter im fünften Durchgang. »Ich wusste, wenn ich ihn unter Druck setzen kann, dann habe ich eine Chance. Denn das ist er nicht gewohnt. Er hat das Kugelstoßen bei uns über Jahre dominiert. Aber als ich an ihm vorbeigezogen war, konnte er nicht mehr kontern.«

Ein Zentimeter! Gold! Ein Märchen!

Niko Kappel kann sehr hoch springen, wenn er sich freut. Hüpfend organisiert er eine deutsche Fahne.

Legt sie sich um die Schultern und lacht sich schief.

Ein bisschen groß mag die Fahne ja sein. Aber sie steht ihm wahnsinnig gut. Es ist der erste deutsche Goldjubel in Rio.

Gewichtsklassen, in Rio wieder auf die Matte. Wieder qualifizieren sie sich fürs Finale, wieder treten sie innerhalb einer Stunde an.

Same procedure, diesmal mit 39?

Nicht ganz. Gold wird's nicht.

Carmen Brussig hat in der Klasse bis 48 Kilogramm gegen die Chinesin Li Liqing

FARBENPRÄCHTIGE UNTERSTÜTZUNG. Die Kinder aus der Favela Vigidal mit den deutschen Goalballern auf der Tribüne.

JUDO
Schulter an Schulter

In London, vor vier Jahren, haben sie den ganz großen Coup gelandet. Carmen und Ramona Brussig, Zwillingsschwestern aus Schwerin, gewannen bei den Paralympics innerhalb weniger Minuten zwei Goldmedaillen und hatten anderntags die Schlagzeilen für sich. Sie waren der ultimative sportliche »Sister Act«, sie waren die goldigen »Unzertrennlichen«.

Nun gehen sie, in unterschiedlichen keine Chance. Ramona macht im Turnier bis 52 Kilogramm ebenfalls »keine Schnitte«. Sie unterliegt der Französin Sandrine Martinet.

Schlimm?

Nein, gar nicht.

»Ich wusste, dass es schwer wird und dass der Druck nach London größer ist«, sagt Ramona...

... und ihre Schwester führt den Gedanken zu Ende: ».Aber ich bin froh und überglücklich und genieße die Medaille.«

Seit fast 34 Jahren kämpfen die Brussig-Sisters Schulter an Schulter. »Wir machen so viel gemeinsam, tragen manchmal die gleichen Sachen, haben oft dieselben Gedanken.«

Beide haben das Konditor-Handwerk gelernt, sie haben einander beigebracht, mit ihrer Behinderung umzugehen (ihnen fehlen mehr als 90 Prozent der Sehkraft). Täglich telefonieren sie, tauschen sich aus über das Leben, den Beruf, den Sport. Sie brauchen diese Kommunikation von Unzertrennlichen: »Manchmal möchte ich gerade Carmens Nummer wählen, da klingelt schon das Telefon«, sagt Ramona.

Nun sitzen sie mit Silbermedaillen um den Hals in Rio und freuen sich. Die Brussig-Schwestern haben ein Motto, das hilft immer: »Wir selbst sind Weg und Wegweiser, um unsere Ziele zu erreichen.« Ihr Ziel vor den Paralympics war der Gewinn einer Medaille. Jetzt haben sie das Silber. Das Brussig-Navi hat also wieder mal funktioniert.

GOALBALL
Freudiger Gegenbesuch

»Rio bewegt. Uns.« Die Kampagne wird von den Athleten gelebt. Die Goalballer haben bereits seit Juni Spenden gesammelt, besuchen die Kindertagesstätte Santa Clara in der Favela Vigidal. Jetzt revanchieren die Kids sich mit einem Besuch in der Future Arena beim Spiel gegen Algerien (10:0). Für beide Seiten ein unvergessliches Erlebnis.

Zwar kamen die Kinder mit ihrem selbstgebastelten Deutschland-Schmuck aufgrund von Verzögerungen bei der Anreise erst kurz vor Schluss in die Halle, aber das tat der Freude keinen Abbruch. Mit dabei auch Willi Lemke, Sonderberater des UN-Generalsekretärs für Sport im Dienste von Frieden und Entwicklung.

erwischt, mir vorzustellen, was für uns hier möglich ist. Früher haben wir klare Führungen immer wieder aus der Hand gegeben. Aber heute haben die Jungs sehr abgeklärt gespielt – ich bin baff.« ✚ ✚ ✚ ✚ **Höflicher Präsident.** Anlässlich

des Jubiläums zur Gründung des kroatischen NOK 1991 und einer Ehrung kroatischer Nachwuchssportler muss IOC-Präsident Thomas Bach nach Zagreb und kann nicht in Rio bei den Paralympics vorbeischauen. Er habe bereits

im Juni dieses Jahres eine Einladung zum Kongress des Eislauf-Weltverbandes in Dubrovnik ausgeschlagen, um bei der Trauerfeier für Muhammad Ali in Louisville dabeizusein: »Deshalb konnte ich jetzt nicht schon wieder absagen.«

3

DAS KLASSEN-TREFFEN

Erich Winkler hätte eine Medaille verdient gehabt, ehrlich. Er ist ein klasse Sportsmann und war bereit fürs Podium. Doch über 3000 Meter Verfolgung wird der Radrennfahrer nur Vierter. Er nimmt es mit fairer Gelassenheit. →

GLÜCK IM UNGLÜCK. Erich Winkler durfte nach technischem Defekt noch einmal starten, verpasste über 3000 Meter Bronze haarscharf.

Die Reporter der Nachrichtenagentur dpa haben Mühe, ihre Emotionen unter Kontrolle zu halten und einen objektiven Bericht zu verfassen. Da heißt es dann: »Am Ende stand Erich Winkler auf der Holzbahn im Velodrom, nahm die Ovationen entgegen und verbeugte sich vor den Zuschauern wie ein Dirigent vor seinem Publikum.

Trotz Platz vier war der Radsportler bei den Paralympics in Rio nicht nur für seinen neunköpfigen Fanclub auf den Rängen ein Hero de Janeiro. ›Das krönende Ende ist mir leider versagt geblieben‹, sagte er nach dem verlorenen Rennen um Platz drei in der 3000-Meter-Einzelverfolgung.«

Der Athlet – 48 Jahre alt, austrainiert, Dreitagebart, markantes Gesicht mit Lächelfalten – trocknet den Schweiß und erklärt:

»Ich kann mich nicht einmal ärgern, denn ich kann es nicht besser. Meine Möglichkeiten sind begrenzt. Ich habe einen schnellen Start gemacht, aber das ist nicht vergleichbar mit dem Potenzial meiner Konkurrenten.«

Da hat er wohl recht. Die Medaillengewinner »starten mit zwei Armen und zwei Beinen und haben eben die Kraft. Das ist doch klar, dass die ganz andere Möglichkeiten als ich haben.«

Das war ein bemerkenswerter Abend für den Fachübungsleiter Rehasport, der für den TV Geisenhausen und den RC Vilsbiburg startet. So etwas hat er noch nicht erlebt – und Winkler ist beileibe kein heuriger Hase mehr. Zum vierten Mal nimmt er an Paralympics teil, einmal gewann er Bronze, bei Weltmeisterschaften wurde er 2011 Zweiter und 2015 Dritter.

Er hat schon so einiges erlebt in seiner Sportlerkarriere, aber der Abend von Rio toppt alles.

Erich Winkler reist in Wunschform an. Er hat sich akribisch vorbereitet. Mit 48 will er es noch einmal wissen. Die körperlichen Werte stimmen, die Motivation ist die eines hungrigen Newcomers. Winkler trainiert ein paar Tage in Rio, er fühlt sich blendend. Lässt die Bartstoppeln sprießen, denn wie heißt es so schön: Wer rasiert, verliert.

Qualifikation in der 3000-Meter-Einzelverfolgung. Der Gegner tritt beidbeinig an, nimmt rasch Tempo auf, fährt in den ersten Runden einen schier uneinholbaren Vorsprung heraus. Aber Erich Winkler mit seinen zwei Prothesen (linkes Bein, rechter Arm) macht unbeirrt sein Ding. Drei Runden braucht er, bis die Rennmaschine in Schwung ist.

Dann kurbelt er mit der Kraft und dem Willen eines Sportlers, der nichts als den Erfolg will. Er sieht nicht nach rechts und nicht nach links, der Oberkörper wackelt nicht, die Pedale wirbeln. Mensch und Rad – eine Maschine.

Winkler holt auf. Er zieht gleich, wird gewinnen, der Gegner ist mürbe.

Da passiert es: Winklers Prothese rutscht aus der Klick-Pedale. Sie baumelt in der Luft, Winkler vermeidet mit seiner Routine einen Sturz. Er lässt das Rad ausrollen, wird vom Trainer abgefangen, steigt ab.

Aus der Traum. DNF. Did not finish. Tochter Alexa heult auf der Tribüne Rotz und Wasser.

Der Sportler setzt sich auf eine Bank und stiert vor sich hin.

Das nächste Quali-Rennen ist im Gange, als ein Offizieller zu Winkler kommt. Er fragt auf Englisch, ob der Athlet in der Lage sei, im übernächsten Lauf noch einmal allein zu starten. Es gebe da eine Regel…

Später erzählt Erich Winkler grinsend: »Die Regel ist mir selber noch nicht ganz klar. Die Herren Kommissare haben mich gefragt, ob ich noch mal will. Klar, habe ich gesagt und mich fertig gemacht. Da war absolut keine Wut. Ich habe auf die Ergebnisse der anderen geschaut und gewusst: Die Zeiten, die es braucht, habe ich noch nie in meinem Leben gefahren. Egal, habe ich gedacht. Es gibt nur einmal Paralympics – jetzt gilt's.«

Neustart allein. Er kommt schwer in Tritt.

ZUGEPACKT. Gegen den Japaner Aramitsu Kitazono sichert sich Nikolai Kornhaß das Überraschungs-Bronze.

GELASSEN. Denise Grahl holt die erste Schwimmmedaille, schnappt sich mit Europarekord das Silber.

Nach einer Runde ist Winkler Achter, nach einem Drittel Siebter, dann Fünfter. Winkler lässt nicht nach, holt das Letzte aus dem Körper. »Das ist der paralympische Spirit gewesen. Der Wille war da.« Der Deutsche tritt sich auf den dritten Platz. Gegner im Rennen um Bronze ist der Holländer Arnoud Nijhuis. Irgendwie – das spüren sie auf der Tribüne – ist das ein ungleiches Duell. Winkler hat durch einen Motorradunfall den rechten Arm und den linken Unterschenkel verloren, der Niederländer (Zerebralparese) kann mit zwei Beinen in die Pedale treten.

Und Nijhuis tut das Einzige, was ihm einen Sieg gegen den Dauerleister Winkler bringen kann. Er startet wie von Sinnen. Er rast im Tempo eines Sprinters durchs Velodrom.

Da kann Winkler nicht mit. Langsam versucht er ins Rollen zu kommen. Gerade, als er den Rhythmus gefunden hat, ist aber auch das Rennen für ihn vorbei. Er wird von dem Holländer überrundet. Nicht einmal ein Drittel der Strecke haben sie absolviert.

Hätte sich Nijhuis ohne die Überrundung gegen den immer schneller werdenden Deutschen wehren können?

Nein, sagen die, die sich mit Statistiken und Berechnungen und Körperdaten auskennen.

Aber nun ist es mal so:

Erich Winkler, 48, wird Vierter in der 3000-Meter-Verfolgung. Und in der Halle feiern sie ihn wie einen Sieger.

Wie er selbst mit der Causa umgeht? Er lächelt. Das ist nun mal in dieser Sportart eine Krux mit der Klassifizierung. Da muss sich was tun. Es gibt Experten, die fordern: Je stärker die Behinderung, umso langsamer läuft die Uhr. Oder warum nicht ein versetzter Start? Oder …

Echt, es ist ein Kreuz. Wird sich da was ändern?

Erich Winkler, Sportsmann durch und durch, grient. »Die Herren Klassifizierer denken da nicht viel drüber nach. Für die ist im Augenblick alles in Ordnung. Irgendwann wird sich schon was ändern. Geduld braucht man halt.«

....

JUDO
Nur kein Druck

Judoka Nikolai Kornhaß gewinnt bei seinen ersten Paralympics den Kampf um Bronze gegen den Japaner Aramitsu Kitazono. »Es ist perfekt gelaufen. Ich kann nicht meckern«, sagt der sehbehinderte 23-Jährige aus Heidelberg. »Ich wusste: Eine Medaille kann sein. Aber ich wollte mir keinen Druck machen. Dass es jetzt

geklappt hat, freut mich total.«

Nach dem Erfolg spricht der Judoka darüber, wie schwierig es ist, sich als Leistungssportler zu positionieren. Und er verweist – neben den gängigen Danksagungen an Eltern, Trainer und Betreuer – auf Hilfe, ohne die er es wohl kaum zu einer Medaille gebracht hätte: »In Heidelberg habe ich zurzeit fast ideale Bedingungen. Und dann ist da noch die Unterstützung durch die DFB-Stiftung Egidius Braun. Bei mir ist das vor allem die Miet-Unterstützung, die vieles einfacher macht. Auch die Anschaffung von Trainingskleidung wird mit dem Zuschuss finanziert. So kann ich mich auf das Training und die Wettkämpfe fokussieren und muss nicht dauernd ans Geld denken.«

....

SCHWIMMEN
Alles raushauen

Die erste deutsche Schwimmmedaille in Rio gewinnt eine Paralympics-Debütantin: Die 23 Jahre alte Denise Grahl krault in 33,16 Sekunden zum Europarekord über 50 Meter Freistil und muss sich nur der Amerikanerin McKenzie Coan (32,42) geschlagen geben. Nach dem Start hängt sie zurück, aber ihre starke

LÄCHELND INS ZIEL. Claudia Nicoleitzik (Mitte) holt sich nach einem starken Rennen Silber über die 100 Meter.

Beinarbeit bringt sie wieder ins Rennen. Auf den letzten 15 Metern erhöht sie die Frequenz und schiebt sich noch knapp auf den zweiten Rang.

Schon in den Vorläufen ist sie neue deutsche Bestzeit geschwommen – da hat sich Großes angekündigt.

Dabei sind die letzten Monate vor Rio für die Schwimmerin des Hanse SV Rostock nicht gerade berauschend gewesen. Denise war oft krank, andere Athleten hät-

GROSSER KAMPF. Katrin Müller-Rottgardt holt sich mit ihrem Begleitläufer Sebastian Fricke Bronze in persönlicher Bestzeit.

ten sich vielleicht entmutigen lassen. Als Vierte der Weltrangliste ist sie nach Rio gereist, aber was werden würde, konnte niemand vorhersagen. »Ich war so aufgeregt wie noch nie in meinem Sportlerleben.«

Ihr Motto ist: »Rein ins Wasser und alles raushauen.«

Erfolg kennt keine Gnade. Aber wenn einer bereit ist, alles rauszuhauen, dann kann er letztendlich den Erfolg auch genießen wie Denise Grahl: »Ich bin sehr glücklich, dass es mit der Medaille geklappt hat.«

....

LEICHTATHLETIK
Die Abräumer

Die Goldmedaille des Kugelstoßers Kappel hat dem deutschen Team Laune und Lust auf mehr gemacht. So darf es weitergehen.

VON HINTEN AUFGEROLLT »Als ich auf die Anzeigetafel geschaut habe, war ich sehr überrascht über die Zeit«, sagt Claudia Nicoleitzik, deren jüngere Schwester Nicole in Rio ebenfalls am Start ist. Zur Hälfte des Rennens lag sie noch auf Platz vier, doch dann strauchelte eine Brasilianerin vor ihr, und Nicoleitzik

setzte zum Schlussspurt an. »Ich dachte schon kurzzeitig: Keine Medaille, das ist schade. Aber dann habe ich mich reingekämpft – und zum Ende lief es besser.« Silber über 100 Meter. 14,5 Sekunden nach verpenntem Start. Feld aufgerollt. Geht's besser?

LANGER ATEM Zwischen zwei Paralympics hat sich die Sehfähigkeit nach einer Schwangerschaft noch einmal verschlechtert. Jetzt sind noch zwei Prozent übrig. Katrin Müller-Rottgardt lässt sich davon nicht beirren. Bei ihren dritten Paralympics gewinnt sie endlich ihre erste Medaille. Zusammen mit ihrem Begleitläufer Sebastian Fricke sprintet die Leichtathletin über 100 Meter auf Platz drei. 11,99 Sekunden bedeuten im Ziel eine persönliche Bestzeit für die 34 Jahre alte Wattenscheiderin.

2004 in Athen war Müller-Rottgardt schon einmal Vierte über 100 Meter geworden. Nun wollte sie partout eine Medaille. Sie hat sie.

SPEER STATT DISKUS Das paralympische Siegergefühl kennt sie – Frances Herrmann hat 2008 schon einmal Silber mit dem Diskus geholt. Jetzt fügt die 27-jährige Cottbuserin ihrer Medaillensammlung noch Bronze hinzu – im

SCHWARZ-ROT-GOLD-JUBEL. Felix Streng freut sich über Bronze und seine 11,03 Sekunden über 100 Meter.

Speerwurf. 18,16 Meter reichen der Rollstuhlfahrerin nach Platz drei bei der WM 2015 für diesen Rang.

Ganz zufrieden ist Herrmann nicht. Sie hat mit Silber geliebäugelt (Gold ist in diesem Wettbewerb sozusagen im Voraus vergeben, an eine Chinesin). »Ich hatte mir mehr erhofft. Die Finnin und ich sind ständig im Duell. Dass sie mich gerade heute abhängt, fuchst mich schon.«

Übrigens: Die neue Paralympics-Siegerin Lijuan Zou aus China wirft mit 21,86 Metern einen Weltrekord.

Sehr, sehr überlegen ist die Chinesin. Unumstritten freilich ist sie nicht.

»ICH BIN HEISS« Der Felix ist das, was man eine »coole Socke« nennt. Zum Finale über 100 Meter tritt er an und hat schon vor dem Startschuss ein Siegerlächeln auf den Lippen. Dass er sich vor dem Wettkampf mit muskulären Problemen herumschlagen und sogar auf wichtige Einheiten verzichten musste, sieht man dem jungen Mann nicht an.

Er nimmt es eben, wie es kommt. Das war auch damals so, als Streng für eine Facharbeit bei Bayer Leverkusen recherchierte. Er trainierte aus Spaß mit den Besten, wurde gefragt, ob er bleiben wolle – und sagte Ja.

Jetzt das paralympische Finale bei seinem Debüt. »Ich bin heiß auf eine Medaille.«

11,03 Sekunden. Bronze. Deutsche Fahne um den muskulösen Körper. Ehrenrunde. Siegerlächeln.

Coole Socke.

MIT ZUG. Frances Herrmann schleudert den Speer auf 18,16 Meter und sichert sich so die Bronzemedaille.

Meldung

So darf es weitergehen. Die deutschen Rollstuhlbasketball-Damen starten bärenstark ins Paralympics-Turnier. Gastgeber Brasilien hat beim 32:77 keine Chance gegen den Sieger von London 2012. Das deutsche Team überrumpelt in der gut gefüllten Olympic Indoor Arena die Brasilianerinnen von der ersten Minute an. Das Team von Trainer Holger Glinicki führt nach dem ersten Viertel bereits mit 23:2. Der Rest ist »Training«. Es rollt prächtig für die Titelverteidigerinnen. Das Center-Trio Mareike Miller, Marina Mohnen und Gesche Schünemann glänzt in der Offensive, zusammen holen sie 60 der 77 Punkte.

Tag 4

GOLDEN GIRL

Diese Weitspringerin hat das Zeug zum Star. Sie ist eine beeindruckende Persönlichkeit. Sie greift nach den Sternen. Sie lässt sich nicht unterkriegen. Und irgendwann ist sie ganz oben ... →

Vanessa Low springt Weltrekord, sie bekommt eine Goldmedaille um den Hals gehängt. 26 Jahre, blondes, bisweilen zum Krönchenkranz geflochtenes Haar. Klares Gesicht, freundliche offene Augen. Selten mürrisch.

Es gibt ja diese Menschen, die sich himmlisch freuen können. So eine ist Vanessa Low. Sie kommt nach Rio und ist bereit. »Ich wollte das hier genießen, jeden Augenblick. Und jetzt gewinne ich Gold – auf diese Art. Wenn ich mich da nicht ganz fürchterlich freuen würde, das wäre doch krank.«

Was war das für ein Wettkampf! So einer wird dir nicht oft in deinem Sportlerleben geschenkt:

Strahlend betritt Vanessa Low das brodelnde Stadion. Sie ist endlich angekommen.

Vor vier Jahren war sie nach den Paralympics von London drauf und dran, die Brocken hinzuschmeißen. Vierte über 100 Meter, Sechste im Weitsprung – das waren nicht die Resultate, für die sie geschuftet und gelitten hatte.

In Leverkusen hatte sie sich in den Leistungssport gekämpft, von dem sie immer geträumt hatte. Es war ein zähes Ringen gewesen. Bei einem Zugunfall verlor die 15-jährige Schülerin beide Beine. Die leidenschaftliche Snowboarderin musste das Gehen lernen, wollte zurück in den Sport.

Vanessa landete bei Bayer Leverkusen in der Gruppe der Olympionikin Steffi Nerius. Sie hatte Talent, und sie hatte einen unbeugbaren Ehrgeiz. Stürze im Training packte sie klaglos weg, sie brach sich vor Deutschen Meisterschaften den Ellbogen – okay, Reha, und dann weiter.

Sie wusste, wohin sie wollte. »Ich gehe nicht mehr zur Schule. Es ist der Sport«, sagte sie den Eltern, als sie in der Zwölften war. Widerspruch zwecklos.

Jörg Frischmann, Geschäftsführer der Behindertensportabteilung des TSV Bayer 04, besorgte ihr eine Wohnung, die Sparkasse heuerte sie als Praktikantin an. Vanessa war eine Besessene im Training. Sechs Einheiten die Woche, Wettkämpfe, der Job – wo war das Problem?

Sie flog zu den »World Games« der Amputierten und Rollstuhlfahrer. Im indischen Bangalore startete »Miss Unbekannt« mit stark verletzungsträchtigen Prothesen – und kam dennoch mit einer Gold- (3,92 Meter im Weitsprung) und einer Silbermedaille (17,80 Sekunden über 100 Meter) zurück.

Dann London. Sie wollte aufs Podium. Pustekuchen!

Vanessa Low hatte keinen Bock mehr.

Da erinnerte sie sich an ein Gespräch mit Teamkollegin Katrin Green. Mit der hatte sie in London das Zimmer geteilt, die hatte schon einmal Gold bei den Paralympics in Peking gewonnen. Katrin erzählte, wie man so trainiere in den Staaten, die Vanessa solle sich das mal ansehen.

Drei Jahre hat sie nun in Oklahoma mit Basketballern und Football-Kerlen Sport gearbeitet. Sie hat tonnenweise Gewichte in einer Garage gestemmt, sich »sehr sportlich« ernährt, zwölf Kilo an Muskelmasse auf den Körper gepackt. 2015 wurde sie Weltmeisterin im Weitsprung und Zweite im Sprint. Sie war bereit für Rio.

Strahlend betritt sie die Arena. Bereitet sich vor, umarmt die Konkurrentinnen, auch die Italienerin Caironi. Die wird in den kommenden zwei Stunden einen bewundernswerten Wettkampf hinlegen, immer mit Weiten um die viereinhalb Meter.

Aber was macht Vanessa?

Sie trifft den Absprungbalken mit größter Präzision. Sie ist hoch in der Luft. Sie landet und verschenkt dabei keinen Zentimeter.

Vanessa springt erst paralympischen und dann zweimal hintereinander Weltrekord. Schließlich landet sie bei 4,93

WEIT, WEITER, LOW. Vanessa Low überbietet gleich zweimal den bestehenden Weltrekord, gewinnt im Weitsprung mit 4,93 Meter.

Metern. Caironi hat schon nach dem vierten Versuch begonnen, sich über Silber zu freuen. Diese Deutsche fliegt in einer anderen Sphäre.

Letzter Sprung. Gold ist sicher. Den Weltrekord hat sie. Zum ersten Mal aber an diesem Abend ist Vanessa Low nervös. Sie wippt und kippelt, sie animiert das Publikum, ihr mit Applaus zu helfen. Die Leute werden sehr laut. Vielleicht haut dieses blonde Lächel-Girl noch einen raus.

Tut sie nicht. Springt noch einmal ganz weit. Krabbelt aus der Kiste, stampft sich den Sand vom Body, blickt zu ihren Leuten in der ersten Reihe.

Die flippen gerade aus.

Klar! Es ist Zeit zum Genießen. Wenn nicht jetzt, wann dann?

LEICHTATHLETIK
Tough Lady

Marieke Vervoord gewinnt mit ihrem Handbike über 400 Meter Silber. Sie hat wegen der Schmerzen nur eine Stunde geschlafen. Das ist nicht gut, sie hätte es aber auch schlimmer treffen können. Manchmal schafft sie gerade mal zehn Minuten Schlaf am Tag.

An Gott glaubt sie nicht mehr. »Er müsste ein verrückter Mann sein, dass er Menschen wie mich so leiden lässt«, sagt die Belgierin, die durch eine seltene Erkrankung im Rollstuhl sitzt. Das Schlimmste aber seien die Schmerzen. Unerträglich.

Schuld ist eine Deformation des fünften und sechsten Halswirbels. Wenn die Muskeln verkrampfen, geht es auf Leben und Tod.

Mit 14 hat das alles angefangen. Davor war Marieke ein sportliches, ein wenig wagemutiges Mädchen. Lernte Jiu-Jitsu, liebte extreme Abfahrten mit dem Mountainbike.

Dann ist sie krank geworden.

Sie hat weiter ihren Sport gemacht. Rollstuhlbasketball, dann entdeckte sie den Triathlon. Trainierte bis zu 30 Stunden in der Woche, wurde 2006 Triathlon-Weltmeisterin, im Jahr drauf verteidigte sie ihren Titel in Hamburg. Marieke Vervoord finishte auch beim Ironman auf Hawaii – 3,8 Kilometer Schwimmen, 180,2 Kilometer mit dem Handbike und 42 Kilometer im Rollstuhl.

Aber die Schmerzen wurden schlimmer. Sie besorgte sich ein beglaubigtes Papier zur Sterbehilfe. Und dann passierte etwas Unerwartetes. »Plötzlich war der ganze Druck aus dem Kopf. Meine Er-

leichterung ließ sich nicht beschreiben. Ich wollte keine Pflanze sein, die willkürlich eingeht. Die Sicherheit, dass es wirklich funktioniert, wenn ich Schluss machen möchte, gab mir wieder Lebensmut.«

Als Weltrekordhalterin über 400, 800 und 1500 Meter reist Marieke Vervoort an die Copacabana. Im Vorjahr gewann sie in Doha drei Weltmeistertitel. Die Ehrungen und Auszeichnungen, die sie in den vergangenen Monaten bekam, kann sie kaum noch zählen. Sie wurde hinter dem Fußballer Kevin de Bruyne Zweite bei der Wahl zum »Sportler des Jahres« und landete bei der Kür zur »Woman of the Year« hinter Angela Merkel auf dem »Silber«-Rang.

Nun hat sie die erste Medaille in Rio. »Silber ist wunderbar«, sagt sie. Sie ballt ihre rechte Hand zur Faust: Yes, I'm a really tough lady.«

Und, sagt sie dann nach einem langen Nachdenken, das in Fröhlichkeit endet: »Du brauchst nicht an Gott zu glauben, wenn du die Momente des Glücks fühlen willst.«

Glück?

Ja, Glück.

»Wenn mich jemand in den Arm nimmt, bin ich das glücklichste Mädchen auf der Welt.«

AN LAND GESPÜLT. Martin Schulz, ein starker Schwimmer, hatte mit den Wellen zu kämpfen, kommt als Vierter aus dem Wasser.

KONZENTRIERT. Martin Schulz gibt mächtig Gas, erobert auf dem Rad Platz eins, überholt den führenden Engländer nach drei von vier Runden.

TRIATHLON
Für dich, Markus

Die Triathleten sind dran. An der Copacabana ist noch nicht viel Betrieb. Irgendwo tanzt ein Ensemble den Samba, aber das bekommt Martin Schulz nicht mit. Er checkt noch einmal sein Equipment. Liegt für den Wechsel alles am richtigen Platz, ist das Rad in Ordnung?

Alles roger.

Martin Schulz geht an einem brasilianischen Konkurrenten vorbei. Der fummelt an seinem Bike.

Das ist doch...

Der Brasilianer nickt. Klaro, das ist das Handbike von Markus. Der hat es ihm verkauft, drüben in Deutschland. Weil er keine Verwendung mehr dafür habe. »Schau, ich habe seinen Namen aufs Rad schreiben lassen.«

In der Tat. Da steht es: HÄUSLING.

Martin Schulz und der Brasilianer sind bedrückt. Sie machen ein Foto vor dem Bike. Das werden sie dem Markus schicken.

»Sag, hast du ihn gesehen in der letzten Zeit? Wie geht es ihm?«

Man telefoniere regelmäßig, berichtet Martin Schulz. Nein, es gehe dem Markus nicht gut.

Der Wettkampf beginnt. Martin Schulz tut sich unerwartet schwer. Er ist gelernter Schwimmer, aber hier machen ihm die Wellen zu schaffen. Eigentlich wollte er als Erster aufs Rad wechseln. Doch nach 750 Metern hat er eine Minute Rückstand auf den Führenden.

Er ist kein Superläufer. Also muss er jetzt schon über die Grenzen hinaus, wenn er Gold will. Martin Schulz rast unvernünftig schnell über den Rundkurs entlang der Copacabana. Nach drei von vier Runden führt er, nach 22 Kilometern hat er eine Minute Vorsprung.

Müsste reichen.

Von wegen! Jetzt beginnt ein großes Leiden. Schulz bekommt Seitenstechen, im Kopf hämmert es. Er hört den Trainer nicht mehr, der ihm Zwischenstände zubrüllt. Er ist in einem ganz dunklen Tunnel.

Was er noch wahrnimmt: Die Zuschauer

GESCHAFFT! Martin Schulz stoppt schon kurz vor dem Ziel, läuft souverän zum Sieg im Triathlon.

nach Rio wollte, aber gesundheitlich nicht mehr dabei sein kann. Dann kamen die Tränen.«

Markus Häusling schickt sofort eine Mail.

Vor einem Jahr waren sie noch gemeinsam in Rio. Dann die Diagnose: ALS.

»Der Kampf um Rio ist umgeschlagen in einen Kampf um ein längeres Leben«, sagt Häusling dem Fernsehreporter.

Er freut sich so sehr, dass sein Freund Martin nun in Brasilien das Gold holt. Hat ein Weißbier vor sich stehen und setzt zum Prosit an, als der Kumpel ihn via TV grüßt.

»Wir denken aneiander«, sagt der Gold-Mann in Rio. »Diese Medaille gehört auch dem Markus.«

....

LEICHTATHLETIK
Spur zum Gold

Daniel Scheil macht nicht viel Aufhebens um sich. Er gewinnt Gold im Kugelstoßen und grüßt zuerst einmal seinen Vater. »Papa, danke«, sagt er. Dann wird er sachlich. »War echt super, der Wettkampf. Ich war fit und überhaupt nicht angespannt. Das war ein angenehmes Arbeiten heute. Ich freu' mich wie Sau.«

Scheil, der es als Fußballer bis in die Oberliga-Nachwuchsmannschaft von Wismut Aue gebracht hatte, hat nach seinem Herzinfarkt 2008 durch den Sport wieder in eine neue Spur gefunden. Doch ob als Fußballer oder als Rio-Sieger – immer endet die Spur an einem guten Tag so:

»Ich feier' jetzt. Wie Sau.«

stehen nun in drei Reihen hinter der Absperrung und feuern die Läufer auf ihren fünf Kilometern an.

Hach, tut das weh. Es ist das Seitenstechen, die Folgen des Bänderrisses von vor einem Monat spürt Schulz gar nicht. Ruiz Lopez und ein Kanadier machen Boden gut. Es läuft nicht.

»Ich habe mich gefühlt, als hätte ich zehn Kilo mehr.«

Kurz nach elf ist es, ganz weit vorne ist das Ziel auszumachen, er sieht zurück – da hinten ist keiner. Erst nach 28 Sekunden kommt der Zweite.

»Ich wollte eigentlich nicht losheulen, aber ich hatte keine Chance. Da waren die Schmerzen der letzten halben Stunde. Ich habe an die vielen Entbehrungen während der Vorbereitungen gedacht und an meinen Freund Markus, der auch

Meldungen

»Nur« Silber? Aber nein! Die US-amerikanische Rollstuhlfahrerin Tatyana McFadden muss ihren Traum begraben, bei sieben Wettbewerben in Rio ganz oben auf dem Treppchen zu landen.

Die 27-Jährige holt über 100 Meter »nur« Silber, lächelt trotzdem. »Immer noch besser als in London, da war es nur Bronze.« **++++ Getroffen!** Natascha Hiltrop hat sich ihre erste paralympi-

sche Medaille gesichert. Im Mixed-Wettbewerb holt die Sportschützin mit dem Luftgewehr Silber hinter der Slowakin Vadovicova.

Tag 5

RIO FURIOSO

Alle Welt hatte geunkt, die Paralympics würden zum Flop. Das Publikum würde ausbleiben. Die Athleten würden frustriert vor leeren Rängen ihrem Tun nachgehen. Die Brasilianer würden sich für die Paralympics nicht interessieren. Das alles tritt nicht ein. Die drittgrößte Sportveranstaltung der Welt in der Stadt an der Copacabana ist ein begeisterndes Event. →

Die Athleten sind von den Socken. Sie stehen auf, packen ihre Siebensachen und lassen sich durchs morgendliche Rio zu den Wettkampfstätten kutschieren. Auf den Straßen sehen sie das Früh-Treiben einer Stadt, in der die Menschen gewöhnlich erst gegen Mittag auf Touren kommen.

Die Sportler blicken also aus den Fenstern der Busse und schauen den Einheimischen zu, wie sie Geschäfte machen, sich durch Staus quälen, betulich ins Leben kommen.

Rio wacht langsam auf. Die Teilnehmer der Paralympics haben das in Reiseführern gelesen, sie sind vorbereitet. Nun fahren sie zu den ersten Wettkämpfen des Tages, zum Beispiel ins Olympiastadion - und da werden sie wohl vor spärlicher Kulisse ihren Sport ausüben.

Das sind sie ja gewohnt. Ein paar Angehörige auf den Tribünen, dazu interessierte Enthusiasten, die Offiziellen, die Trainer, Betreuer und Kon-

VOLLE HALLE. Da macht das Spielen noch mehr Spaß. Beim Rollstuhlbasketball der Frauen platzt die Halle aus allen Nähten.

kurrenten. So ist das normalerweise. Die Sportler machen sich warm, erledigen die letzten Formalitäten, trotten durch die Katakomben ins Stadion. Sie treten in die Arena und sind verdutzt.

40.000 Zuschauer besetzen auch noch die letzten Plätze auf den Unterrängen. Sie bejubeln die Vorläufe der Handbiker über 400 Meter, wo David Rear seine Favoritenrolle untermauert und Marc Schuh ausscheidet, als ihm auf den letzten 100 Metern der Dampf ausgeht. Später qualifiziert sich David Behre mit langen Schritten fürs 200-Meter-Finale und bekommt Applaus wie selten in seinem Leben.

Er »wollte Spaß haben, und das ist auch so gekommen. Das Stadion wird immer voller. Wie geil ist das denn! Morgen haben wir Staffel, und eineinhalb Stunden später das Einzel-Finale über 200 Meter. Ich vermute mal, da ist die Hütte voll – da werden wir den Leuten auch ordentlich was bieten.«

In Rio ist fast überall die Hütte voll, wenn die Teilnehmer der Paralympics dran sind. Die Rollstuhlbasketball-Damen sind auf viel umjubeltem Goldkurs, die Herren kassieren gegen die Briten nach einem beherzten Auftritt die nächste Niederlage, sind jetzt mit dem Rücken zur Wand – aber die Brasilianer haben sie frenetisch gefeiert, weil sie nie aufgegeben haben. Die Sitzvolleyballer schmettern die Amerikaner zu Beginn weg, dass die brasilianischen Karneval-Girls in der Halle (8.200 Zuschauer, voll besetztes Haus) die Hüften kreisen lassen. Die Amerikaner kommen zurück. Tie Break. Jetzt sind sie wieder da, die Deutschen. Sie gewinnen und hören in dem ganzen Trubel ihren eigenen Jubel nicht mehr.

Beim Spiel ums Halbfinale geht es gegen Brasilien – da wird noch mehr mit den Hüften gekreist, wetten dass?

Donovan Ferreti, der für den Ticketverkauf zuständige Manager des Organisationskomitees, plustert sich auf vor Stolz. »Wir sind ausverkauft. Mit einem Brasilien, das jeden Tag Gold gewinnt, wächst das Interesse an den Spielen, und auch die Unentschlossenen greifen jetzt zu.« Für die Begeisterung gibt es noch zwei Gründe. Die Eintrittskarten sind billiger, und die Menschen können in der Verkehrsinfarkt-Metropole Rio die Wett-

NEU UND ALT. Modernste Sportstätten und dahinter die Favelas von Rio – eine einmalige Kulisse im Land der Unterschiede.

Schneisen für prominente Olympia-Delegationen in den Verkehr schlugen, gibt es nicht mehr.

Respekt! Alles richtig gemacht.

Über zwei der knapp 2,5 Millionen Tickets werden bei den Paralympics noch verkauft werden. Erstaunt und entzückt registrieren es die Protagonisten. Goalballer Michael Feistle schwärmt: »In der heimischen Liga spielen wir, wenn es hochkommt, vor 100 bis 200 Zuschauern. Die Atmosphäre hier ist etwas ganz Besonderes. Noch nie habe ich in so vollen, so lauten Hallen gespielt.« Und auch der Präsident des Deutschen Behindertensportverbandes, Friedhelm Julius Beucher, zieht eine wundervolle Zwischenbilanz. Mit dem sportlichen Abschneiden der Mannschaft ist er hochzufrieden – und über das Publikum sagt er: »Die Paralympics werden zum bezahlbaren Sportereignis für Brasiliens Bevölkerung.«

Olympia war wunderbar, sagen die Brasilianer. Die Paralympics sind ein Fest.

kämpfe sensationell leicht erreichen. Die »Linha 4« der Metro hat ihren Dienst erweitert und bringt einen Großteil der Menschen zum Sport. Auch das Bussystem BRT hat seinen Intervall deutlich erhöht, um den Massenansturm bewältigen zu können. Und die martialischen Polizei-Eskorten, die noch im August

TRAUMHAFTE KULISSE. Welcher Sportler wünscht sich nicht eine Siegerehrung vor vollen Rängen im Olympiastadion?

PECH GEHABT. Handbiker Marc Schuh scheidet über die 400 Meter aus.

TANDEM
Power im Nacken

»Ich freue mich wie Bolle. Das ist ein Riesending. Und das in meinem Alter!«, sagt Stefan Nimke, als er wieder bei Puste ist. Gerade hat er mit seinem Partner Kai-Kristian Kruse Bronze gewonnen. Und er weiß, dass das nicht selbstverständlich war.

Das Tandem Kruse/Nimke ist als Viertletztes an der Reihe. Der Pilot aus Schwerin hat vier Olympische Spiele in den Waden. Der sehbehinderte Partner war vor vier Jahren noch Ruderer. Zusammengetan haben sie sich recht spät. Die Trainer haben ihnen geraten, es auf einem Tandem miteinander zu versuchen. Kruse erinnert sich: »Er war mir sehr sympathisch. Man muss sich ja auch verstehen, wenn man so zusammensitzt. Stefan weiß, wie hart er arbeiten muss und wie er ans Ziel kommt. Ich kann mich

da hundertprozentig auf ihn verlassen.« Ja, Verlass ist auf ihn, sagt Nimke. Aber bislang hat er auf diese Weise noch nie als Pilot auf einem Rad gesessen: »Da soll sich niemand einbilden, dass alles von allein kommt. Du kannst nicht denken, du setzt vorne einen Piloten drauf, und hinten macht der Mann den Druck, das passt dann schon. So geht das nicht. Es gibt keinen Unterschied zu dem Radsport, den ich kennengelernt habe. Aber ich musste mich darauf einstellen, dass die Ansprüche im Vergleich zu früher noch etwas höher waren. Hinten sitzen ja 90 Kilo drauf, und ich muss die Maschine auf Kurs halten – das braucht schon ordentlich Power.«

Sie haben die Power, die beiden. Nimke und Kruse fahren sich in eine Euphorie, sie werden immer schneller, sie gewinnen Bronze mit einem furiosen Finale auf den letzten 150 Metern. Danach sagt einer, der es wissen muss: »Ein Riesending!«

TISCHTENNIS
Silber-»Prinzesschen«

Thomas Schmidberger spielt um Gold. Er klebt mit dem Rollstuhl an der Platte und setzt den amtierenden Paralympicssieger Feng mächtig unter Druck. Ist in den guten Phasen des Turniers mit seinem beidseitig glatten Schläger nicht auszurechnen. Der Chinese droht immer wieder, sein Pokerface zu verlieren.

Wie sagt man so schön?

Ein »Duell auf Augenhöhe«.

Unentschieden steht's gegen den Favoriten nach zwei Sätzen, 7:7 im dritten Durchgang.

Feng und Schmidberger kennen sich gut. Sie wissen voneinander, dass der eine wegen einer Kinderlähmung und der Deutsche nach einem Autounfall im Rollstuhl sitzt. Und sie wissen, dass sie beide nie, nie, nie aufgeben.

Schmidberger punktet zweimal hinter-

STARKES DUO. Stefan Nimke (vorne) holt im Bahn-Tandem mit seinem sehbehinderten Partner Kai-Kristian Kruse Bronze.

Die haben mir das Kreuz gebrochen.« Thomas Schmidberger ist gleichwohl vergnügt. Er hat mit dem Olympia-Kollegen und Mannschaftskameraden Dimitrij Ovtcharov telefoniert. Der hat ihm vor den Paralympics geraten, er solle »mit Leistung überzeugen, nicht mit Marotten«. Wie bitte?

Na ja, der Thomas ist dafür bekannt, dass er vor den Wettkämpfen seine Eigenheiten pflegt. Wie eine Diva wirke er da manchmal. Obendrein färbe er sich gerne mal die Haare – violett oder so.

Diesmal in Rio bleibt die Haarfarbe naturbelassen. Diesmal ist Schmidberger kein »Prinzesschen« (so hänselt ihn der Stubenkamerad und Doppelpartner Thomas Brüchle). Diesmal gewinnt er Silber. Einfach so.

einander, führt mit 9:7. Das sieht sehr gut aus.

Aufpassen! Zwei leichtfertige Fehler, Feng ist wieder da. 9:9. Der Chinese macht noch einen Punkt. Feng setzt nach. Rechts und links platziert er die komplizierten Bälle. Schmidberger schmettert ins Aus.

Dann wieder eine Führung. 6:4. Dann 6:5. Schmidberger punktet mit langem Angriff. Zwei Punkte vorn. 7:6. Zwei Netzbälle. 8:6. 8:7. 8:8. Rückhandkonter als Vorbereitung, Vorhand lang und hart. 9:8. Wieder ein Netzroller, diesmal Glück für den Chinesen. Matchball für den Chinesen. Schmidberger attackiert, der Chinese kontert, Schmidberger attackiert – ins Aus.

»Ich habe Silber gewonnen, nicht Gold verloren. Eineinhalb Sätze war ich richtig gut. Der Trainer sieht meine Vorhand generell nicht so gerne. Ich musste die Offensive suchen, aber da waren eben zwei Bälle, die danebengingen.

FINALE! Thomas Schmidberger spielt um Gold und gewinnt Silber. Ein packendes Endspiel auf Augenhöhe gegen den Chinesen Feng.

Meldung

Kraft gelassen. Die sehbehinderte Schwimmerin Daniela Schulte hat die Titelverteidigung über 400 Meter Freistil bei den Paralympics in Rio deutlich verpasst. Im Finale der Klasse S11 muss sich die 34 Jahre alte Berlinerin in 5:29,93 Minuten mit Platz fünf begnügen. »Ich hatte zuletzt viel mit Krankheiten und Infekten zu kämpfen. Deswegen freue ich mich, in die Top sechs gekommen zu sein. Andererseits wäre ich natürlich auch gerne weiter nach vorne geschwommen. Doch die letzten Wochen liefen halt nicht optimal.«

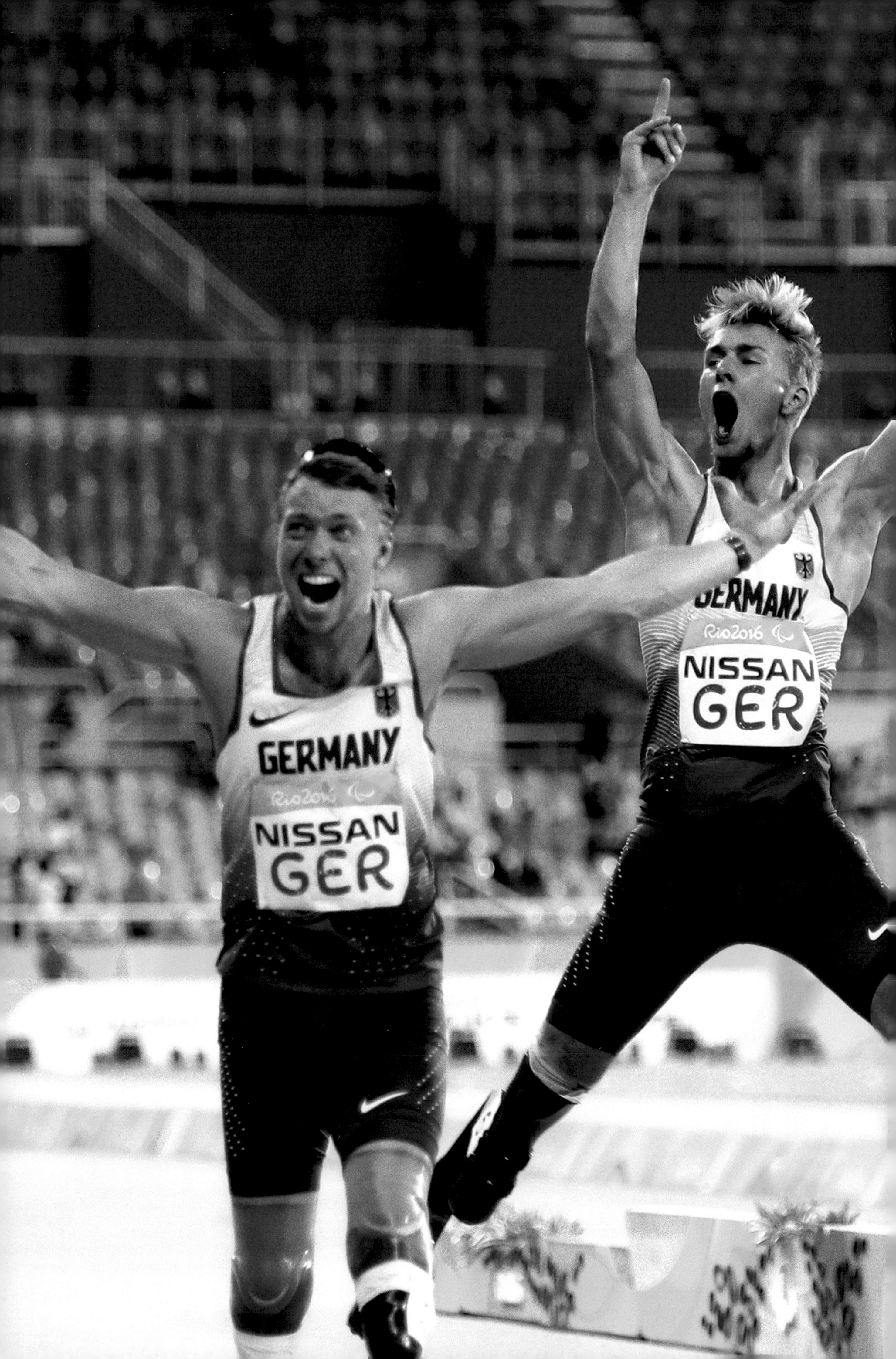
GERMANY
Rio2016
NISSAN
GER
GERMANY
Rio2016
NISSAN
GER

Tag
6

VIERMAL
BESSER

Wer soll die US-Sprintstaffel schlagen? Keiner, sagen die Experten, ist dazu in der Lage. Wir könnten es schaffen, erklären die Deutschen. Wir werden es auf alle Fälle probieren. Man weiß ja nie. So starten sie ins schnellste 4x100-m-Rennen, seit es die Paralympics gibt. Und sie werden freudestrahlend... Ja, was werden sie denn?

→

DIE GOLD-JUNGS. Markus Rehm, David Behre, Felix Streng und Johannes Floors gewinnen ein dramatisches Staffel-Finale.

PACKENDES FINALE. Johannes Floors fliegt hinter dem Amerikaner Hunter Woodhall ins Ziel, holt den Europarekord.

Der Staffelsprint der Männer ist ein Showdown der ganz starken Typen. Im Call-Room des Stadions treffen sie aufeinander: Die Brasilianer, von denen ein ganzes Land eine Medaille erwartet. Die Japaner, ein Quartett freundlicher Kraftbolzen, von denen man sagt, sie könnten an diesem Abend Großes leisten. Die Deutschen, vier Sonnyboys, die sich goldige Hoffnungen machen.

Es sind aber doch wohl putzige Vorstellungen, dass man den Amerikanern Paroli bieten könnte. Die sind als Einzelläufer so stark, die können doch gar nicht anders als gewinnen.

2. RENNEN. David Behre geht knapp zwei Stunden nach dem Staffel-Gold erneut an den Start, gewinnt Bronze über die 200 Meter.

TRAUMDUO. Johannes Floors und David Behre nach dem 200-m-Lauf. Behre wird Dritter, Floors Vierter.

ein irrer zweiter Platz. Europarekord, Wechsel vom Feinsten, Freude mal vier. Sie drehen ihre Ehrenrunde.

Dann passiert etwas. Markus Rehm sagt es so:

»Wir kamen auf die Zielgerade zurück. Da sahen wir, dass die Freunde auf der Tribüne total ausflippten. Wir dachten uns: Ja, wir haben Silber gewonnen, das ist toll. Aber warum rastet ihr deshalb so aus?« Wenig später begreifen's auch die Hauptdarsteller und hüpfen wie von Taranteln gestochen durchs Stadion. Sie sind nicht mehr auf Rang zwei, vor dem Wort GERMANY steht auf der Anzeigentafel eine 1.

Wieder – wie vor vier Jahren in London – haben die Amerikaner den zweiten Wechsel vermasselt. Zu früh haben sie abgeklatscht – sie werden disqualifiziert, und Deutschland gewinnt vor Brasilien und Japan.

Markus Rehm fasst sich und sagt: »Das sind die Regeln. Dazu gibt es eine Wechselzone. Die anderen sind das bessere Rennen und die bessere Zeit gelaufen. Aber wir waren das bessere Team.«

Die Freunde nicken. Zwei Jahre lang haben sie jeden Dienstag Wechsel trainiert. Wieder und wieder und wieder. Jetzt sind sie belohnt worden.

Für die Staffel des Deutschen Behindertensportverbandes ist das Gold von Rio nach Welt- und Europameistertitel die Krönung. »Das war ein Superlauf, die Jungs hatten einen Mordsdruck«, sagt Chef de Mission Karl Quade.

Und die vier Helden geben in der Folge den Erfolg in ihrer individuellen Version zum Besten.

David Behre: »Das war ein echter Krimi, wir sind eine ganz starke Zeit gelaufen. Und nachdem wir erfahren haben, dass wir Gold bekommen, ist der Puls auf 220 hoch geschossen. Wir waren an unserem großen Ziel. Dieser Wettkampf ist das Ergebnis von großer Disziplin.«

Johannes Floors: »Schlussläufer, wieder Schlussläufer. Ist ein geiles Gefühl. Kann einen aber auch ganz schön nervös machen. Heute war es einfach toll. Ich werde als Zweiter los geschickt, ich weiß, dass wir schnell sind und dass die Form

Da machen sich also die Teams fertig – und der deutsche »Staffel-Daddy« David Behre (am nächsten Tag wird er 30) schielt rüber zu den US-Boys. Er denkt sich so seinen Teil. Die Burschen wirken auf ihn wie vier Solisten. Eine Mannschaft sind sie nicht.

Die Wettkämpfer betreten das Stadion. Jeder sucht seinen Startpunkt und markiert die Wechselzone. Für die Deutschen ist das eine Routine, die sie auch abspulen könnten, wenn man sie morgens um drei aus dem Tiefschlaf holte.

Die Amerikaner machen eine Doktorarbeit draus. Johannes Floors sieht aus den Augenwinkeln seine Kontrahenten, der die Marken wieder und wieder versetzt. Als ob das etwas Neues für ihn sei. Gut ist das nicht, denkt Floors, oft haben die das nicht geübt.

Die Startläufer schießen los. Wechsel eins, Abklatschen Nummer zwei (es werden keine Stäbe übergeben, das Relais erfolgt durch Körperkontakt), der dritte Mann schickt den Schlussläufer in Richtung Ziel.

Und noch immer sind die Deutschen auf Tuchfühlung mit den Amerikanern. Johannes Floors sprintet mit mächtigem Einsatz, verliert kaum Boden, stürmt nach 40,82 Sekunden über die Ziellinie. Die Amerikaner haben mit 40,61 Sekunden den Weltrekord geknackt.

Floors Kollegen sind begeistert. Das ist

SCHÖNES LÄCHELN. Irmgard Bensusan hüllt sich in die Deutschlandfahne und genießt ihr 400-m-Silber.

stimmt. Ich laufe es nach Hause. Was für ein Genuss!«

Felix Streng: »Ich bin vor zwei Tagen krank geworden. Blöde Erkältung. Habe mich hingelegt und pflegen lassen. Verunsichert war ich nicht. Ich wusste, dass ich schnell bin. Ich wusste auch, dass die Mannschaft mich braucht. Das war ich den Jungs schuldig, dass ich für zwei Stunden aus dem Bette hüpfe und mein Bestes gebe.«

David Behre: »Was war das für ein wahnsinnig schnelles Rennen! Es macht einfach Spaß, da ein Teil des Teams zu sein.«

Das Staffel-Gefühl sei ein besonderes, erklären sie an diesem Abend immer wieder. Und sie erzählen, dass man sich in den letzten Jahren sehr nahgekommen sei. Man wisse, wie der andere ticke.

Diese vier zuversichtlichen jungen Männer machen einfach Lust auf Optimismus. Jeder auf seine Art.

Markus Rehm: »Der paralympische Sport ist unglaublich gewachsen in den letzten Jahren. Das Großartige ist: Es gibt so viele tolle Athleten, die wahnsinnige Geschichten zu erzählen haben.

Besonders viel Spaß macht mir bei den Paralympics immer: Mit allen Athleten in der Nachbarschaft zu wohnen, gemeinsam essen zu gehen. Man unterhält sich,

man lernt sich kennen. Wir haben gerade in der deutschen Mannschaft Menschen mit unglaublichen Geschichten, die mit ihren Handicaps besondere Leistungen vollbringen. Das ist das Spezielle, der große Wert dieser Spiele.«

Felix Streng: »Das ist eine Welt mit guter Konkurrenz, die mich anspornt. Die Leute leisten krasse Sachen.

Vor einem Jahr habe ich Usain Bolt getroffen. Das war beim Meeting ›Mano a Mano‹ in Brasilien. Es war einfach nur gut. Usain war ein ganz normaler feiner Kerl, keine Spur von Starallüren. Wir hatten einen coolen Smalltalk, dann haben wir ein Foto gemacht. Danach hat er mir alles Gute für die Paralympics gewünscht. Er war in meiner Welt, ich war in seiner Welt – es war halt Sport.«

David Behre: »Sechs Wochen nach meinem Unfall stand ich zum ersten Mal in Prothesen. Allein das Stehen hat viel Kraft gekostet und höllisch wehgetan. Nach einigen Minuten waren die Unterschenkel komplett blau von der Belastung.

Zwei Monate nach dem Unfall bin ich mit unseren Hunden Gassi gegangen. Insgesamt ging es sehr schnell. Ich hatte aber auch eine tolle Physiotherapeutin, die viel mit mir gearbeitet hat.

Du musst deinen inneren Schweinehund

besiegen und auch permanent über deinen Schmerzpunkt gehen. Da haben mir die Erfahrungen aus dem Sport sehr geholfen.

Die Belastung der Knie ist extrem. Ich trainiere viel den Rumpf und vor allem die unteren Bauchmuskeln. Du musst stabil in der Hüfte bleiben. Wenn du einknickst, belastest du die Bandscheibe und die Gelenke. Wir machen viel Stabilisationstraining. Meine Ab- und Adduktoren sind deutlich ausgeprägter als bei Sprintern ohne Behinderung.

Ich schaue nicht zurück und habe relativ schnell mit dem Unfall abgeschlossen. Die Ärzte kannten keinen vergleichbaren Fall. Eigentlich hätte ich tot sein müssen. Für mich war es eine zweite Chance. Jetzt lebe ich das Leben eines Profisportlers, so, wie ich es immer wollte – wenn auch über einen Umweg. Ich bin einfach superglücklich.«

Johannes Floors: »Wegen eines angeborenen Fibula-Gendefekts und einer daraus resultierenden Fehlbildung der Wadenbeine und Füße hatte ich als Junge starke Schmerzen. Es kam der Punkt, an dem ich nicht mehr konnte. Ich habe mir die Unterschenkel amputieren lassen.

Im Endeffekt hatte ich die Entscheidung: Entweder du hast dein Leben lang starke Schmerzen und sitzt vielleicht irgend-

VOLLE KONZENTRATION. Es fehlte nicht viel zu Gold. Valentin Baus verlor das Tischtennis-Finale gegen den übermächtigen Chinesen nur hauchdünn.

wann im Rollstuhl. Oder du trägst Prothesen. Ich wollte die Prothesen.

Das war DIE Entscheidung meines Lebens. Ich bereue sie nicht.«

Und jetzt?

Gold mal vier.

LEICHTATHLETIK
Mach's noch mal, David!

Einer geht noch.

Die deutschen Sprinter setzen noch einen drauf. Nicht einmal zwei Stunden nach Gold mit der Staffel läuft David Behre über 200 Meter auf den dritten Platz. Der Leverkusener stellt in 21,41 Sekunden einen Europarekord auf. »Das ist megamäßig. Einmal Gold und einmal Bronze an nur einem Abend – ich kann sehr zufrieden sein.«

Sein Staffelkollege Johannes Floors wird mit der persönlichen Bestleistung von 21,81 Sekunden Vierter. Das ist schon sehr erstaunlich, denn Floors hat sich beim Jubeln über Gold das Knie so verdreht, dass er mit dem Rollstuhl aus dem Stadion gekarrt werden musste. »Physiotherapie, ein Tape-Verband und ganz viel Adrenalin« helfen ihm wieder auf die schnellen Beine.

LEICHTATHLETIK
Eine Runde Silber, bitte!

Mit dem schnellsten Lauf ihrer Karriere rennt Irmgard Bensusan über 400 Meter zu Silber. In 59,62 Sekunden muss die in Südafrika aufgewachsene Leverkusenerin nur der Französin Marie-Amélie le Fur den Vortritt lassen, die in 59,27 Sekunden Weltrekord läuft. Bei der WM 2015 in Katar war Bensusan, deren rechter Unterschenkel gelähmt ist, noch fast vier Sekunden langsamer.

Und sie verspricht (sich selbst und den anderen), dass sie noch nicht am Ende sei: »Diesmal war Marie-Amélie die Bessere, aber ich arbeite daran, dass sich das ändert. Da ist noch viel drin.«

TISCHTENNIS
Ein, zwei kleine Fehler

Der 20-jährige Bochumer Valentin Baus gewinnt im paralympischen Tischtennis-Wettbewerb der Wettkampfklasse 5 die Silbermedaille. Im Finale unterlag er der Nummer eins der Weltrangliste, Cao Ningning aus China, in drei engen Sätzen.

Das ist kein neues Erlebnis. Gegen den Chinesen ging es an der Platte schon ein paarmal zur Sache, immer war der Gegner am Schluss der Sieger. Diesmal ist der Deutsche drauf und dran, den Weltbesten zu »knacken«.

»Ich war richtig heiß aufs Finale und wollte natürlich unbedingt gewinnen – aber ich bin auch total zufrieden mit Silber. Das Turnier ist einfach super gelaufen, und auch heute habe ich eigentlich gut gespielt. Ich habe vielleicht ein, zwei kleine Fehler zu viel gemacht, aber ich habe wirklich mein bestes Tischtennis hier gezeigt.«

Im Spiel um paralympisches Gold spielt der amtierende Weltmeister druckvoll auf, doch Cao behält in den entscheidenden Phasen einen kühlen Kopf und entscheidet alle Sätze knapp für sich.

Für Baus sind es die ersten Paralympischen Spiele seiner Karriere. »Mein Ziel war eine Medaille, und ich bin superglücklich, dass es nun Silber ist. In Tokio hole ich dann Gold«, erklärt er nach der Siegerzeremonie.

Aufpassen, die Herrschaften von der Konkurrenz: Bei den nächsten Paralympics gibt sich dieser Deutsche mit Silber nicht mehr zufrieden.

Meldung

Nur »Blech«? Maike Naomi Schnittger muss über 400 Meter Freistil in 4:43,57 Minuten mit dem undankbaren vierten Platz vorliebnehmen. Am Ende fehlen der 22 Jahre alten sehbehinderten Potsdamerin nur acht Hundertstelsekunden zur Bronzemedaille. Dabei hat sie fast die komplette Strecke auf Rang drei gelegen und sich gegenüber dem Vorlauf sogar noch gesteigert – um zwei Hundertstelsekunden. Auch Verena Schott verpasst eine Medaille im Schwimmbecken knapp. Über 200 Meter Lagen schlägt sie nach 3:10,44 Minuten als Vierte an – dennoch jeweils die Viertbeste der Welt.

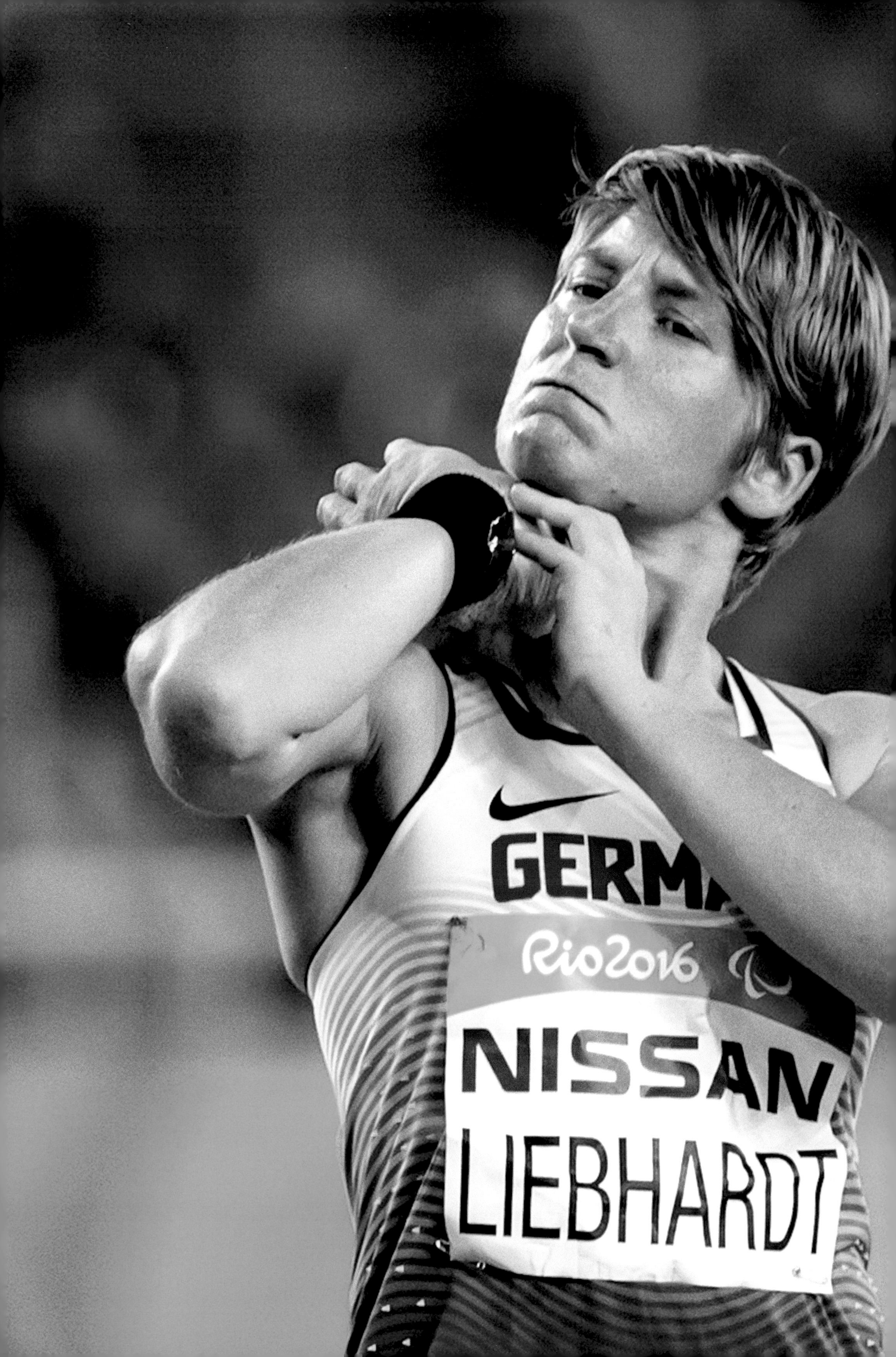
GERMA
Rio2016
NISSAN
LIEBHARDT

Tag

7

DAS VOLLE LEBEN

Franziska Liebhardt startet für den TSV Bayer 04 Leverkusen. Sie gewinnt Gold in Rio. Im Verein – der für Erfolge im Behindertensport steht – sind die Menschen glücklich. Es ist sehr schön, dass die nächste Medaille in die Statistik eingetragen werden kann. Und es macht happy, dass die Franziska diesen Tag genießen kann. Sie hat es echt verdient. →

DER STOSS ZUM GOLD. Die Kugel fliegt, gleich im ersten Versuch setzt Franziska Liebhardt ihre Konkurrentinnen unter Druck.

DIE ERLÖSUNG. Franziska Liebhardt hängt sich die Deutschland-fahne über die Schultern, feiert ihr Kugel-Gold.

GANZ NAH DRAN. Steffi Nerius, selbst Olympionikin, betreut viele Bayer-Sportler. Ihr Schützling Franziska Liebhardt gewinnt im Kugelstoßen. Die Nachricht geht gleich per SMS raus.

Steffi Nerius, die Erfolgstrainerin, kann nicht still sitzen. Sie springt immer wieder von ihrem Platz in der Nähe der Kugelstoßanlage hoch, gestikuliert, formuliert knappe, laute Instruktionen. Sie imitiert – dabei bekommt sie einen ziemlich lebhaften Teint, denn es ist unerwartet warm im Stadion – den Bewegungsablauf, den sie sehen will.

Unten auf dem Rasen – das sind Luftlinie nicht mal 20 Meter – steht die Athletin und versucht, sich alles zu merken. Mal ganz ehrlich: Wer der Athletin ins Gesicht sieht, erkennt da eine Sportlerin, die an sich halten muss, um nicht vor Freude im Viereck zu springen.

Franziska Liebhardt, 34, hat die Kugel im ersten Versuch 13,96 Meter weit fliegen lassen.

So war es geplant, das war die Taktik der Trainerin, die selbst als Aktive wegen ihrer mentalen Stärke von den Konkurrentinnen gefürchtet wurde.

Die Gold-Aspirantin im Wettkampf der Franziska Liebhardt heißt Mi Na, kommt aus China – und könnte mit ihrer Mimik sofort an einem knallharten Pokerturnier teilnehmen. Die Frau lächelt nicht, sie verzieht auch nach miesen Versuchen keine Miene. Gegen diese Mi Na hat Liebhardt noch nie gewonnen. Warum gerade jetzt?

»Ich wollte von Anfang an die Chinesin unter Druck setzen. Das ist gelungen, glaube ich. Nach meinem ersten Stoß hat sie gewackelt und sich nie mehr richtig gefangen. Es war kein wirklich schöner Wettkampf. Aber es wurde immer wahrer und immer wahrer. Ich habe zu Steffi gesehen, und die hat mir signalisiert, ich solle nicht zu locker werden. Nicht, dass die andere mich noch einmal einholt – und ich nichts dagegensetzen kann.«

Franziska Liebhardt gewinnt den Wettkampf. Sie posiert mit der deutschen Fahne neben der Anzeigetafel und kurz darauf auf dem Siegerpodest für die Fotografen, dann hat sie Zeit für Fragen. Sie strahlt, redet ausgesucht klug und hat wenig Zeit für Worthülsen. »Ich bin total durch den Wind, ich kann es noch gar nicht so richtig glauben. Ich habe mich unter Steffi super entwickelt, die Medaille geht auch zu einem großen Prozentsatz an sie.«

Auf der Tribüne machen Steffi Nerius und andere Betreuer aus dem deutschen Team Party. Dieser Sieg der Kugelstoßerin ist ein ganz großes Gefühl für alle, die Franziska kennen.

Die spricht sehr offen über ihre Behinderung, wenn sie danach gefragt wird. Aber wenn man nicht wissen will, was ihr fehlt, redet sie lieber über Willensstärke, Lebensmut, Lust an einem gelungenen Tag, den Sport, ihre Familie daheim, Hunde, Politik, Film …

Nach ihrem Goldsieg von Rio aber wollen die Menschen von den Medien wissen, was für eine Behinderung sie habe.

Die Sportlerin erzählt. Kurz und sachlich, ohne Lamento. Sie klingt wie eine kompetente Medizinerin.

In die Berichterstattung der Deutschen Presse-Agentur mündet das Interview folgendermaßen:

»Franziska Liebhardt ist sterbenskrank. Eine Autoimmunerkrankung zerstört

DER BEWEIS. Franziska Liebhardt neben der Weltrekord-Tafel. Gleich im ersten Versuch gelingt der große Wurf.

ihre Organe. Die frühere Volleyballerin kämpfte sich dank des Sports wieder zurück ins Leben, nachdem sie sich 2009 wegen eines Lungenversagens davon schon innerlich verabschiedet hatte. Nach ersten Erfolgen bei der EM und der WM der Organtransplantierten wechselte sie 2014 nach Leverkusen. Seither ging es bergauf. EM-Titel, WM-Zweite, erster Weltrekord in der paralympischen Leichtathletik.«

Sie sagt, sie habe »die Familie zurückgelassen, ich habe meine Arbeit aufgegeben, ich habe für eine Zeit alles im Leben verändert, weil ich den Erfolg in Rio wollte. Das war volles Risiko, mehr Investment in die Zukunft ging nicht. Ich habe volle Pulle auf Rio hingelebt. Ach, ich bin so glücklich, dass die Rechnung aufgegangen ist.«

Bayer Leverkusen + Behindertensport = Erfolg. Wieder einmal ist die Bilanz prächtig. Grund genug, vor Ort nachzufragen. In der Leichtathletik haben zehn Leverkusener die Nominierung geschafft. Die bekanntesten sind Markus Rehm und Heinrich Popow. Weitspringer Rehm hat 2015 mit seinem 8,40-Meter-Weltrekord international für Aufsehen gesorgt. Po-

pow gewann 2012 bei den Paralympics in London Gold über 100 Meter. Zudem ist er Weltrekordhalter über diese Strecke und hat auch im Weitsprung in seiner Klasse die weltweite Bestmarke aufgestellt.

Im Weitsprung hat Vanessa Low schon abgeräumt. Rehm war Mitglied der Gold-Staffel. An den verbleibenden Tagen werden auch weiterhin Bayer-Athleten aufs Podium steigen...

Doch es ist nicht nur das Laufen, Werfen oder Springen.

Im Sitzvolleyball ist die deutsche Mannschaft mit sechs Spielern aus Leverkusen vertreten. Zum Team gehört auch der 41-jährige Jürgen Schrapp. Der Routinier, der als Bayer-Mitarbeiter bei Consumer Health im Einkauf tätig ist, startet bereits zum vierten Mal bei den Paralympics. Die Bayer AG engagiert sich seit 1950 im Behindertensport, seit 1984 nehmen Spitzensportler des TSV an den Paralympics teil. Es ist eine Erfolgsgeschichte geworden: Bis Rio haben die TSV-Sportler 66 Medaillen gewonnen, alleine 43 davon in der Leichtathletik.

Die Sportler profitieren von optimalen Trainingsanlagen und haben die Mög-

lichkeit, eine zweite Karriere in der Sportklasse der Bayer AG oder der Eliteschule des Sports in die Gänge zu bringen. Der Standort Leverkusen ist deutschlandweit der einzige paralympische Trainingsstützpunkt für gleich drei Sportarten: Leichtathletik, Sitzvolleyball und Schwimmen. Die Geschäfte in Leverkusen führt Jörg Frischmann. Wenn möglich, trainiert der Goldmedaillengewinner im Kugelstoßen (1992 in Barcelona) von etwa zehn bis zwölf Uhr selbst in der Halle an der Kalkstraße.

Lange wollte Frischmann trotz seiner angeborenen Fehlbildung an beiden Händen und Füßen mit dem Behindertensport nichts zu tun haben. Fußballprofi, das wäre es gewesen. Der Mindener spielte erfolgreich Handball und Tischtennis – im Regelsport.

Erst spät realisierte Frischmann, was für ein Potenzial im Behindertensport steckt. Er wurde Speerwerfer. Gewann Meistertitel und Medaillen im Akkord. 1990 schloss sich Frischmann dem TSV Bayer 04 an. Studierte an der Sporthochschule Köln, heiratete, hat zwei Kinder und wurde Geschäftsführer der Behindertensport-Abteilung des TSV.

STARKES TEAM. Gleich sechs Bayer-Akteure stehen in der deutschen Sitzvolleyball-Mannschaft.

Er hat eine tolle Truppe aufgebaut. Kein Wunder, dass da eine Powerfrau wie Steffi Nerius eine wichtige Rolle spielt. Die Norddeutsche (sie ist in Bergen auf Rügen geboren und im Rostocker Internat in den Sport und ins Speerwerfen hineingewachsen) arbeitet nüchtern und ohne Umwege für den großen Erfolg ihrer Athleten.

Silber bei Olympia. Europameisterin. Weltmeisterin. 2009 »Sportlerin des Jahres«.

Wenn sie etwas sagt, hat das einen Sinn. Sie mag kein Gelaber, sie vergeudet keine Zeit – und nach dem Sieg lässt sie die Sau raus.

Eine gute Frau für den Sport.

Nun ging es nach Rio. »Es gab im Vorfeld zu viele Berichte über Probleme, über Einsparungen im Bereich Sicherheit, Shuttle, Essen in der Mensa. Das wäre sehr schade für die Athleten gewesen, die sich vier Jahre und länger auf die Paralympics vorbereitet haben. Für Franzi

waren es die ersten, und Gott sei Dank haben sich alle Befürchtungen zerstreut. Wir haben gute Paralympics.«

Das ist auch nötig, denn diese Spiele sind die große Chance für den Behindertensport. Markus Rehm: »Warum muss das Feuer nach den Olympischen Spielen erst erlöschen, und dann kommen die Paralympics 14 Tage später quasi wieder aus dem Nichts? Man sollte die Olympischen mit den Paralympischen Spielen näher zusammenbringen, warum zum Beispiel nicht mit einem symbolischen Staffellauf?«

Jetzt, sagt die Trainerin, sei der Zeitpunkt ideal, dem Behindertensport einen weiteren Schubs zu geben.

»Ich bin seit 2002 Trainerin im Behindertensport. Es ist der Hammer, was seit der Zeit passiert ist. Zum einen auf Seiten der Medien, der PR oder bei der Erhöhung der Prämien, aber es ist auch viel im Behindertensport selbst passiert. Früher stand meist das Schicksal der

Athleten im Vordergrund, heute ist es die Leistung. Und das ist faszinierend.«

Freilich: An dem Tag, an dem die Athletin Liebhardt Gold gewinnt, redet die Trainerin Nerius nicht über Politisches, Sachliches, Visionäres. Sie schaut hinunter zu ihrer Franziska im schwarz-rot-goldenen Fahnen-Cape und ist sehr gerührt.

Was für eine bewundernswerte Frau diese Franziska Liebhardt doch ist.

Im April dieses Jahres hielt die Sportlerin im Frankfurter Hotel Lindner bei der Verleihung des Helmut-Werner-Preises die Laudatio auf den Heidelberger Transplantationsmediziner Professor Dr. Burkhard Tönshoff. Die Auszeichnung wird von der Kinderhilfe Organtransplantation (KiO) an Menschen vergeben, die sich in besonderem Maße um die Belange von Kindern und Jugendlichen vor oder nach einer Transplantation verdient gemacht haben.

Die Sportlerin erzählte von den schlimmsten Momenten ihres Lebens:

»Ich habe mich damals entschieden, um mein Leben zu kämpfen, und bin heute froh, dass ich es gemacht habe.« Sie sagte, und es war mucksmäuschenstill im Saal: »Immer, wenn ich höre, es geht nicht, denke ich: jetzt erst recht.«

Sie will ihre »Zeit sinnvoll füllen«. Im Juli 2013 genoss sie so einen Augenblick, in dem sie das Gefühl hatte, sie mache es richtig. Da bekam sie mit »Karlchen« die Lizenz, Leben zu retten. Nach zweijähriger Ausbildung hatten sie und der Labradormix die Prüfung zum Rettungshundeteam mit Erfolg gemeistert. »Frauchen« zeigte, was sie in den Bereichen Orientierung, Funk, medizinische Erstversorgung von Opfern, Kynologie und Einsatztaktik draufhatte. Bei »Karlchen« wurde neben einer sensiblen Spürnase auch die charakterliche und physische Eignung als Rettungshund geprüft.

»Die Plakette ist eine tolle Belohnung für jahrelanges, anstrengendes Training bei Regen, Schneefall oder 30 Grad im Schatten. Karlchen und ich freuen uns, zukünftig auch bei realen Einsätzen

unser Können unter Beweis stellen zu können«, sagte Franziska Liebhardt und strahlte – so wie sie jetzt, mit Gold um den Hals, das Leben anlacht.

Nun wird sie in Rio noch so weit wie möglich springen – dann wird's das gewesen sein mit dem Leistungssport. Sie zieht wieder heim nach Würzburg und konzentriert sich auf das, was kommt. Sie hat noch einiges vor, sagt sie. Ein Thema liegt ihr besonders am Herzen: Organspende. Den Auftritt von Rio will sie nutzen, um darauf aufmerksam zu machen. »In Deutschland ist dieses Thema eher negativ behaftet. Das muss sich ändern.«

....

TISCHTENNIS
Na und?

Stephanie Grebe gegen Sandra Paović – das kennt man im Tischtennis. Und es endet immer…
… mit einem Sieg der Kroatin.

Die war bei den Nicht-Behinderten Jugend-Europameisterin, ist dann nach einem Autounfall 2009 zurückgekommen. Sie ist extrem motiviert und hat keinen Aussetzer. Steffi Grebe kann dieser Fokussierung nichts Adäquates entgegensetzen

Die Kroatin – sie hat seit vier Jahren nicht mehr verloren – diktiert auch im Finale von Rio das Tempo und die Ballbewegungen. Sie kämpft mit unglaublichem Einsatz. Doch gegen die Energie ihrer Gegnerin gibt es keine Kraft – selbst wenn man sich, wie Stephanie Grebe, fast vier Jahre auf dieses Duell vorbereitet hat.

Die Deutsche schlägt sich wacker, hat kaum eine Chance, hält aber bis zum letzten Ballwechsel dagegen.

Und als es vorbei ist, sagt sie – man ist froh, sie so fröhlich zu sehen:
»Ich habe nicht Gold verloren, sondern Silber gewonnen.«

VOLLE KONZENTRATION. Nicht Gold verloren, sondern Silber gewonnen. Steffi Grebe unterliegt im Finale gegen Dauerrivalin Sandra Paović.

Sekunden ins Ziel und fängt auf den letzten Metern noch die Argentinierin Yanina Andrea Martinez ab, die über 100 Meter Gold gewonnen hat. Der Sieg geht an die Chinesin Yiting Shi in schnellen 28,74 Sekunden, Silber überraschend an die Südkoreanerin Min Jae Jeon. Die heißen Temperaturen stören Claudia an diesem Tag nicht: »Eigentlich mag ich das nicht, weil ich dann oft Probleme habe und Kopfschmerzen bekomme, aber heute hat es super geklappt.« + + + + **Traum geplatzt.** Die Sitzvolleyballer verlieren das letzte Gruppenspiel gegen Gastgeber Brasilien mit 1:3 und müssen damit alle Medaillen-Ambitionen begraben.

Tag

8

NUR NICHT LIEGEN BLEIBEN

Michael Teuber fährt zum fünften Mal zu Paralympics-Gold. Er ist ein exemplarischer Fall. Der Mann aus dem Bayerischen kennt das Wort »Aufgeben« nicht. Porträt eines Unbeugsamen. →

WIE EIN UHRWERK. Michael Teuber holt sich nach 2008 und 2012 erneut die Goldmedaille im Zeitfahren.

Das sieht am Ende immer so nach gelebter Leichtigkeit aus: Ein braungebrannter Sportsmensch hat die deutsche Fahne um die Schultern gelegt, er reckt die Arme in den Himmel von Rio. Das Schwitzen steht ihm gut, die Menschen ringsum tanzen vor Freude.

Der Mann hat glänzende Augen und eine Riesengaudi. »Gold!«, brüllt er. »Jaaa!« Nach 2008 und 2012 ist es sein dritter Zeitfahr-Erfolg bei den Paralympics und seine fünfte Goldmedaille bei den Spielen insgesamt. 20 Kilometer in 27:53,98 Minuten – da lässt er dem Kanadier Ross Wilson (28:47,34) keine Chance. »Ich bin überglücklich. Es ist alles perfekt aufgegangen. Viel besser geht's nicht.«

Nur zwei Wörter, später ein paar Sätze und ein großer Stolz. Alles perfekt. Der Mann und seine Freunde jubeln – das sieht echt nach Leichtigkeit aus.

Das Teuber-Gold haben sie von ihm erwartet in der Mannschaft. Der 48-jährige Seriensieger aus dem bayerischen Odelzhausen und die deutschen Para-Biker sind schließlich verlässliche Medaillenbringer. Auch an dem Tag, an dem Teuber in Rio siegt.

Riesengroß sind die Erleichterung und der Jubel bei Denise Schindler. Nach ihrer Disqualifikation auf der Bahn über 3000 Meter sprintet die 30-Jährige auf der Straße zu Silber, obwohl sie ohne Er-

wartungen ins Zeitfahren gegangen war. »Ich war ein bisschen krank und habe mich eigentlich schwach gefühlt. Fürs Einfahren mussten 20 Minuten genügen. Das ist lächerlich. Dann lief es im Rennen doch ganz gut – nur zum Schluss habe ich mich ordentlich schinden müssen. Habe mich mit den schweren Gängen gerade noch so über die Berge gerettet.«

Der krönende Abschluss der ersten Session am Vormittag ist der deutsche Doppelerfolg der Handbikerinnen Dorothee Vieth und Andrea Eskau. Im Zeitfahren der Klassen H4 und H5 siegt die Hamburgerin Vieth in 31:35,46 Minuten vor ihrer Teamkollegin aus Magdeburg (32:15,42). »Das ist unglaublich, grandios. Die Freude ist riesengroß. Es war die Hölle auf der Strecke, so unglaublich heiß«, sagt Vieth. Nach einmal Silber und dreimal Bronze ist es ihre erste Goldmedaille bei Paralympischen Spielen. Andrea Eskau kann mit dem zweiten Platz gut leben. »Auf diesem Kurs bin ich mit Silber sehr zufrieden. Ich liebe eigentlich die Berge, die waren hier eben nicht da. Ich gönne Dorothee den Sieg von Herzen.« Und da ist noch Handbiker Vico Merklein. Für ihn gibt es Bronze. Der 39-Jährige muss sich in der Klasse H4 in 28:42,34 Minuten dem Polen Rafał Wilk (27:39,31) und dem Österreicher Thomas Frühwirth (27:49,31) geschlagen geben.

Zufrieden ist er nicht. Merklein sagt: »Es gibt keinen schlechten Tag, nur eine schlechte Vorbereitung. Ich hatte eine unruhige Nacht und Probleme mit dem Material. Aber das lasse ich nicht gelten. Ausreden zählen nicht.«

Na gut, grantelt er. Heute sei es mies gelaufen. Dann werde er am nächsten Tag die Scharte auswetzen.

Hans-Peter Durst schließlich wird zum ersten Mal Paralympic-Champion. Der 58-Jährige aus Dortmund triumphiert im Zeitfahren in der Klasse T1-2 in 22:57,34 Minuten klar vor dem US-Amerikaner Ryan Boyle (24,21,35). Kurios: Der Dortmunder fährt fast 14,5 der 15 Kilometer mit einem lockeren Sattel, der abzufallen droht.

Ein paar Stunden früher.

Strammer Wind am Atlantik. Die Fahnen der Teilnehmerländer knattern, hinter den Absperrungsgittern stehen Zaungäste und sehen zu, wie mühsam Radfahren sein kann. Auf den ersten Kilometern haben Teuber und die anderen zwar die Brise im Nacken. Doch dann kommt der Wind angriffslustig von vorn. Das ist ein zäher Kampf, dieses Zeitfahren über 20 flache Kilometer.

Teuber hat sich monatelang auf diese Strecke vorbereitet. Hunderte Male ist er sie virtuell abgefahren, er kennt jeden leichten Knick, jede scharfe Kurve. Jetzt gilt es, nun muss er sich an seine Marschtabelle halten. Das Tempo diktiert nicht der Gegenwind, die Geschwindigkeit wird durch die Watt-Anzeige auf dem Display vorgegeben.

Nach den ersten zehn Kilometern liegt er klar in Führung. 14:19 Minuten für 10.000 Meter. 43 Stundenkilometer sind das im Schnitt. Michael Teuber ist »im Tunnel«.

Michael Teuber mag es, wenn ihm der Wind um die Ohren pfeift. Er ist ein Naturmensch – das ist er immer gewesen. Bergsteigen, schwere Touren mit dem Mountainbike, Windsurfen bei anspruchsvollem Wetter, Snowboarden – dann ist der junge Draufgänger aus Bayern in seinem Element.

DIE SIEGERFAUST. Hans-Peter Durst hat es geschafft. Sensationelles Gold im Zeitfahren von Rio.

»Im August 1987 hatte ich einen Autounfall. Die Diagnose nach dem Unfall: Bruch des zweiten und dritten Lendenwirbels mit inkompletter Querschnittlähmung. Die Prognose der Ärzte war niederschmetternd: Rollstuhlfahrer!
Ich hatte jedoch eine minimale Restfunktion im rechten Oberschenkel. Das war meine letzte Hoffnung, aufgeben wollte ich nicht. Schon in der Reha habe ich sehr hart gearbeitet. Nach zwei Jahren konnte ich weitgehend auf den Rollstuhl verzichten und mich mit Krücken und sogenannten Gehapparaten fortbewegen. Später benutzte ich dann Gehstöcke und Peroneus-Schienen, die das Fußgelenk stabilisierten. Die Peroneus-Schienen benötige ich nach wie vor, unterhalb des Kniegelenks bin ich komplett gelähmt, in den Oberschenkel konnte ich etwa zwei Drittel der ursprünglichen Muskeln wieder auftrainieren.
Bereits 1989 begann ich mit dem Radfahren, das Mountainbike war wegen der leichten Übersetzungen gut geeignet. Das Rad erwies sich als effektives Trainingsgerät und war und ist für mich letztlich einfacher als das Gehen. Dann folgte nach und nach die Entwicklung zum Radrennfahrer. Erst trainierte ich hobbymäßig mit dem Mountainbike, danach begann ich mit Downhill-Wettkämpfen, und später trainierte ich bereits intensiv für Mountainbike-Marathons.
Seit 1997 nehme ich professionell an Wettkämpfen des paralympischen Radrennsports teil. Die ganze Familie und meine Frau Susanne, mit der ich etwa ein Jahr nach dem Unfall zusammenkam, haben mich immer unterstützt. Ich habe neben meinem Engagement im Sport mein BWL-Studium mit Prädikat abgeschlossen und mich mit meinem Bruder selbstständig gemacht, dann jedoch die Chance für ein Leben als Radrennsportler ergriffen.«

Teuber hat schnell Erfolg, er beißt sich durch. Einmal trifft er im Interview auf den Ironman-Gewinner Faris Al-Sultan. Die beiden verstehen sich prächtig – der eine hat sich gegen die besten Triathleten der Welt zur Spitze gequält, der andere

SO SCHÖN IST SILBER. Denise Schindler freut sich riesig über Platz zwei im Zeitfahren.

ist einer der erfolgreichsten Athleten mit Behinderung in seinem Land – einer, der mit dazu beiträgt, seinen Sport aus der Randzone in die Mitte der Gesellschaft zu holen. Er wird gefragt, ob er »sich als Behindertensportler in Deutschland gut aufgehoben« fühle.
Teuber sagt: »Wenn man es mit anderen Randsportarten vergleicht, dann ist die Aufmerksamkeit nicht so schlecht. Klar kann es immer mehr sein. Aber man muss auch selber etwas dafür tun und sich kooperativ zeigen, um für die Medien interessant zu sein. Es gibt genug, die immer nur den Jammerer abgeben ...«

... worauf Al-Sultan hinzufügt: »Und keiner hat sonderliche Lust, sich immer anzuhören: ›Mir geht es so schlecht, keiner hat mich lieb.‹«
Frage: Hadern Sie manchmal mit Ihrem Schicksal, warum gerade Sie den Autounfall hatten, Herr Teuber?
Teuber: »Nein! Es macht keinen Sinn, darüber zu grübeln. Der Zufall hat nun mal mich getroffen, man muss mit der Situation zurechtkommen.«

»Man merkt natürlich, je mehr man Vergleiche zieht und je mehr man mit Meinungen anderer konfrontiert wird, auch:

DEUTSCHER DOPPELSIEG. Dorothee Vieth hält die Fahne, Andrea Eskau gratuliert der Siegerin. Zwei Deutsche triumphieren im Handbike-Zeitfahren.

Aha, so ganz normal ist es ja doch nicht, was du machst. Man bekommt das Gefühl, das ist etwas Besonderes, und da bekommt man mit der Zeit ein gewisses Selbstbewusstsein. Man sagt sich: ›Hey, ich habe schon so viele Sachen geschafft und habe mich bewiesen. Ich kann Probleme lösen, ich packe das jetzt an, das werde ich schon schaffen.‹ Was andere machen, kann ich auch, die kochen doch auch nur mit Wasser.«

Er ist ein Stehaufmann. Wenn es ihn – wie man so verniedlichend auf Bayerisch sagt – »schmeißt«, rappelt er sich wieder hoch und macht da weiter, wo er gestoppt worden ist.

2008 »schmeißt« es Michael Teuber beim Münchner Sechstagerennen. Zehn Wochen später wird der 16 Zentimeter lange Titannagel, der das zerborstene Schlüsselbein des Paralympicssiegers fixiert hat, in der Uniklinik an der Nußbaumstraße entfernt. Zwei Wochen drauf reist er in das erste große Trainingslager mit der

Nationalmannschaft nach Gran Canaria. »Ich mache im Winter viel Ausgleichstraining in den Sportarten Langlauf und Rudern. Gerade hier, aber auch beim Radfahren hat der im Schulterbereich herausstehende Nagel Probleme gemacht: Nach jedem Training ist ein Bluterguss entstanden. Nun bin ich froh, dass der Bruch gut verheilt ist und ich das anstehende Trainingslager ohne weitere Beeinträchtigungen absolvieren kann. Den Trainingsrückstand habe ich bald aufgeholt.«

Die Sache ist ausgestanden. So geht das, wenn man Michael Teuber ist.

»Für mich ist das, was ich mache, eine logische Abfolge von Schritten. Wenn ich mir vornehme, ein Ziel zu erreichen, dann gehe ich da mit vernünftigen Schritten heran und versuche, es auf einem möglichst sinnvollen Weg zu erreichen. Das sind dann manchmal eben doch Schritte oder Erfolge, die dann über das Normale hinausgehen.

Einmal bin ich nach einem Schlüsselbeinbruch auf den Teide auf Teneriffa nonstop gefahren und gelaufen. Die Ärzte haben es nicht toll gefunden, aber ich hatte es mir vorgenommen.

Das war wie ein Film, der abgelaufen ist. Zuerst fährst du praktisch unter Schmerzen in einer bizarren Landschaft da rauf. Auf einmal steht man dann ganz oben. Dann kannst du und brauchst du nicht mehr weiter. Ein ganz verrücktes Gefühl. Du weißt, du hast es jetzt tatsächlich geschafft, und man kann es selber gar nicht so richtig glauben. Es war einfach ein großer Glückszustand und eine absolute Zufriedenheit.

Darauf folgte die Erschöpfung. Ich musste mich erholen – der Titannagel im Schlüsselbein schmerzte sehr. In der Woche nach Teneriffa machte ich Bilanz – es kam ein fünfstelliger Betrag für die Sporthilfe heraus.«

Stürzen. Aufstehen. Stürzen. Wieder hoch. So ist das nun mal. Im März 2015 steigt Michael Teuber wieder einmal ins

BEI DER ARBEIT. Dorothee Vieth versteckt hinter Vorderrad und Helm.

DER LETZTE SPRUNG. Franziska Liebhardt fliegt auf 4,42 Meter und zu Silber. Ihre zweite Medaille in Rio.

Training ein – diesmal für die Paralympics in Rio. Anfang September des Vorjahres hatte es ihn mit dem Mountainbike grauslig »geschmissen«. Trümmerbruch des rechten Oberschenkelhalses. Zwei Monate im Krankenhaus, drei Monate Reha. Im Februar das erste Trainingslager auf Gran Canaria. 2500 Kilometer in vier Wochen.

Nun wieder Trainingslager, diesmal auf Mallorca. Rio is calling.

»Für meine Begriffe ticke ich normal. Ich bin ein Mensch, der sich Ziele setzt, der etwas erreichen will. Ich gehe mit einer gewissen Professionalität an solche Sachen ran. Man muss diesen Willen haben und auch das entsprechende Durchhaltevermögen an den Tag legen.

Mit der nötigen Ausdauer kann man dann solche Sachen schaffen. Die meisten Leute überwinden ihren inneren Schweinehund nicht. Ihnen fehlt der Wille, die Sachen auch bis zur letzten Konsequenz durchzuziehen.

Das ist natürlich mit Arbeit und Aufwand verbunden und mit vielen Unannehmlichkeiten. Wenn man ein großes Ziel hat, muss man auch viel dafür tun.«

Beim Zeitfahren erreicht er wieder einmal eines seiner großen Ziele. Die Kolleginnen und Kollegen tun es ihm gleich. Und es ist nur der Auftakt der Erfolgsgeschichten der deutschen Radsportler. Es wird Nacht in Rio ...

... und am nächsten Morgen wird wieder durchgestartet.

LEICHTATHLETIK
Zugabe!

Nur 17 Stunden nach dem Gold-Triumph mit der Kugel setzt Franziska Liebhardt noch einen oben drauf: Im letzten Wettkampf ihrer sportlichen Karriere gewinnt sie im Weitsprung mit 4,42 Metern Silber. »Mit der Weite bin ich nicht ganz zufrieden. Aber Silber zählt, deshalb ist alles super.«

Es gibt letzte Auftritte von Athleten, die überzeugen. Es gibt Schlussmomente, die begeistern. Und es gibt finale Erfolge, die jeden, jeden rühren.

Halbfinale muss die Fechterin gegen ihre ärgste Konkurrentin, die 25 Jahre jüngere Thailänderin Saysunee Jana, auf die Planche. Gegen sie hat die 50-jährige Deutsche bei den Paralympics in London im Finale verloren und sich eigentlich eine Revanche gewünscht. »Die Thailänderin

hat sie dann aber völlig aus der Spur gebracht«, meint Trainer Alexander Bondar. Im Gefecht um die Bronzemedaille soll gegen Yui Chong Chan aus Hongkong dann wirklich ein Sieg her. »Simone hat aber zu spät angefangen, wirklich zu fechten«, analysiert der Trainer später. »Ich habe

so gekämpft, ich weiß, dass ich immer kämpfen muss. Das ist aber auch das, was für mich zählt«, bilanziert Briese-Baetke, die nach einjähriger Ausfallzeit erst im Frühjahr wieder ins Training eingestiegen war - und dafür eine tolle Leistung zeigte.

Tag 9

ES ROLLT

Toller Tag. Dreimal Gold, einmal Silber: Die deutschen Paracycler machen in Rio da weiter, wo der Baye Michael Teuber 24 Stunden zuvor mit seinem Sieg im Zeitfahren den Takt vorgegeben hat. Sie fahren die Ernte der Vorbereitung ein. Und im deutschen Team machen es ihnen Reiter, Leichtathleten, Schwimmer und Tischtennisspieler nach. Sie kämpfen sich aufs Podium. →

ENDLICH. Vico Merklein, bisher ewiger Zweiter, hat im Schlussspurt die nötigen Reserven, gewinnt über die 60 Kilometer.

Nun sind sie wirklich in Fahrt, die deutschen Teilnehmer der Paralympics. An Tag neun lassen sie es ordentlich krachen. Elf Medaillen holen die Radsportler, die Leichtathleten, Kanuten, ein Schwimmer und die Dressurreiter. Nach 401 von 528 Entscheidungen liegt nun die Mannschaft auf Platz sechs der Nationenwertung (bislang auf der Habenseite: 13 goldene, 18 silberne und zehn Bronzemedaillen). Übrigens: China ist die Nummer eins (84/66/42) vor Großbritannien (48/28/31).

RADSPORT
»Körner auf der Latte«

Die Radsportler machen bei den Deutschen die Pace. Nachdem am Vormittag Christiane Reppe und Andrea Eskau Gold geholt haben, legt Vico Merklein am Nachmittag nach – dass er endlich Gold gewinnt, rührt alle Mannschaftskollegen. Der Mann hat lange genug dafür geackert.

Es fehlt nicht viel – und die Radsportler hätten ein viertes Gold in den Büchern notieren können. Max Weber vom TSV Obergünzburg verpasst in der Klasse H3 den mittleren Podiumsplatz haarscharf. Der 52-Jährige holt nach 1:33:17 Stunden Silber. Bis zur Zielgeraden sieht es noch nach einem Sieg aus. Doch dann versteuert sich Weber und muss sich im Sprint dem Italiener Paolo Cecchetto knapp geschlagen gegeben.

Das ist bei seiner fünften Teilnahme die dritte Paralympics-Medaille; nach Gold mit dem Rennrollstuhl (1996) und Platz zwei auf der Straße (2008) nun ein weiteres Mal Silber. »Kaum zu fassen, dass ich das heute geschafft habe. Darauf habe ich zehn Jahre hingearbeitet«, sagt Weber. Dann fasst er sich und findet seine eigenen coolen Vokabeln für den Auftritt in Rio: »Ich bin froh, dass ich genug Körner auf der Latte habe. Gottseidank war es so.«

Zurück zu Vico Merklein. Der 39-jährige Handbiker vom GC Nendorf gewinnt das Straßenrennen in der Klasse H4 über 60 Kilometer vor dem Polen Rafał Wilk und Joel Jeannot aus Frankreich. Ein hartes Stück Arbeit ist das, draußen auf der Strecke wütet der Wind und gleißt eine sengende Sonne.

Merklein wuchtet sich ins Rennen und hetzt der eigenen Marschtabelle hinterher. Er will den Sieg, unbedingt. Wie sich so ein großer Triumph anfühlt, das weiß er nicht. Er hat noch nie gewonnen. Ein ewiger Zweiter ist er.

So etwas prägt. Vielleicht wird er nie siegen. Vielleicht muss er sich mit diesem Gedanken anfreunden. Das wäre blöd, man könnte es nicht ändern.

Aber vielleicht hat er es doch drauf. Einmal siegen, nur einmal. Merklein schindet sich und lässt nicht nach. Bis zum Schluss ist das Fahrerfeld dicht beieinander. Doch im Zielsprint hat Merklein die größten Reserven und die stärksten Muskeln. Seine Zeit: 1:28:48 Stunden.

»Das ist der Wahnsinn. Es gibt keinen besseren Tag«, jubelt der Berliner.

Er tut sich schwer, nach der Fahrt am Limit in die Realität einzuschieren. Die Konkurrenten gratulieren, die Trainer und Mannschaftskollegen umarmen ihn. Merklein – von der Sonne tief gebräunt, hager, sehnig, fürs Durchhalten gestählt – wirkt ein wenig desorientiert.

»Weil meine Freundin weint, muss es wahr sein«, sagt er. »Ich stehe zum ersten Mal bei einem ganz wichtigen Rennen ganz oben. Abartig.«

Vico Merklein mag das nicht, aber auch er beginnt zu weinen. Er erklärt sich:

»Man muss es sich verinnerlichen. Ich bin immer der mit den schlechtesten Karten gewesen. Ich habe nichts in die Wiege gelegt bekommen. Dann die Behinderung: Hätte ich ein, zwei Wirbel mehr aktiv, dann wäre vieles leichter.

Es hat zehn Jahre gedauert, bis ich endlich ganz oben gestanden habe. Jetzt kommen mir die Tränen. Ich habe das Gefühl, etwas geschafft zu haben, was ewig bleibt.«

Christiane Reppe genießt den Sieg des Kumpels Merklein fast genauso wie ihr eigenes Gold. Sie ist eine vernunftgesteuerte Frau, die gleichwohl über den Auftritt von Rio ein wenig den Kopf schüttelt: »Das war ein total verrücktes Rennen. Von hinten wurde gedrückt, es hat schon in der ersten Runde gescheppert. Also habe ich alles drangesetzt, dass ich nicht in die Schubsereien reingerate. Das war gut so – und dann bin ich als Erste im Ziel gewesen. Crazy, oder?«

DIEBISCHE FREUDE. Christiane Reppe hat umgesattelt, ist zu den Radsportlern gewechselt und belohnt sich mit Gold. Da kann frau schon ausrasten.

WIE IMMER. Steffen Zeibig führt seinen Feel Good 4 durch den Parcours, holt mit der Mannschaft Silber. Es ist zum vierten Mal in Folge Platz zwei in der Teamwertung.

GROSSER SCHRITT. Thomas Ulbricht, ehemaliger Fünfkämpfer, stürmt über die 100 m zu Bronze.

AUF GEHT'S. David Behre startet zu seiner dritten Medaille. Über die 400 Meter wird es Silber.

der auch ziemlich teuer.«

Dann beginnt ein neuer Abschnitt im Leben einer selbstbewussten Frau.

Apropos Selbstbewusstsein. Dazu hat die kluge Frau Reppe eine dezidierte Meinung: »Ich finde das Selbstbewusste stark. Wir Sportler von Rio sind auch stark – und ›auch‹ muss man nicht dazusagen. Viele sagen ja, dass bei den Paralympics der olympische Gedanke stärker im Vordergrund steht, die Leute mehr Spaß haben und alles viel echter sei. Ich weiß ja nicht, wie es bei den Olympischen Spielen ist, aber ich frage mich schon, wieso die Behinderten mehr Spaß haben sollen. Vielleicht denken ja viele Leute, wir machen das eher aus Lust und Laune, weil wir sowieso weniger Geld bekommen, wenn wir gewinnen. Das fände ich schade.«

. . . .

DRESSUR

Das Team: sattelfest

Das deutsche Para-Dressurteam – Elke Philipp, Steffen Zeibig, Alina Rosenberg und Carolin Schnarre – holt Silber und feiert die Medaille wie Platz eins. Bei den zwei Prüfungsdurchgängen »Team Test« und »Championship Test« in allen Behinderten-Graden ist nur die Equipe aus Großbritannien besser.

Die letzte Reiterin Elke Philipp aus Treuchtlingen verpasst auf »Regaliz« als Vierte die Bronzemedaille im Einzel

2013 ist die Dresdenerin nach den Paralympics von London von der Schwimmerin zur Handbikerin geworden. »Ich habe nicht direkt gewechselt, ich habe aufgehört. Ein Jahr hatte ich dann keine Wettkämpfe, und mir fehlte etwas. Also habe ich gesucht, mich in der Leichtathletik umgeschaut, es musste auf alle Fälle etwas sein, was mit Ausdauer zu tun hat. Dann kam ich zum Radsport.«

Im Winter schließt Christiane Reppe ihr Studium ab, »da geht etwas Neues los. Kann sein, dass dann auch Schluss mit dem Leistungssport ist, schließlich ist

SILBER-SIEG. Irmgard Bensusan reckt beide Daumen in die Höhe, freut sich über ihren zweiten Platz über die 200 Meter.

STARKER TURBO. Torben Schmidtke, bereits in London dekoriert, holt sich über die 100 Meter Brust die Bronzemedaille.

knapp, doch das interessiert sie nicht sehr. Wie endet die Geschichte für die Mannschaft? »Als ich mit Reiten fertig war, ging die Rechnerei los.«

Schließlich sind sie mit dem Rechnen fertig – und freuen sich wie Bolle. »Es ist schon erstaunlich, dass wir das hier ohne Einzelmedaille geschafft haben«, sagt Cheftrainer Bernhard Fliegl. »Das war nicht selbstverständlich, nachdem wir kurz vor den Paralympics das Team noch einmal umstellen mussten.« Das Team ist nämlich ohne Mehrfach-Champion Hanne Brenner nach Rio gekommen, weil ihr Pferd sich kurz vor den Paralympics verletzt hatte.

LEICHTATHLETIK
»Nur« Silber, »nur« Bronze? Quatsch!

Silber, zum Zweiten. Irmgard Bensusan hat über 200 Meter keine Chance gegen die Niederländerin Marlou van Rhijn (26,11 Sekunden). So haben es alle erwartet – schließlich kann die Niederländerin mit ihren zwei Prothesen auf der Zielgeraden beschleunigen wie sonst kaum eine Frau auf der Welt. Bensusan, deren rechter Unterschenkel teilweise gelähmt ist, hat da einfach einen Nachteil. Die gebürtige Südafrikanerin Bensusan – sie lebt in Leverkusen – startet auf Bahn sechs. Sie legt gewohnt dynamisch los, in der Kurve sieht es auch danach aus, als könne die Deutsche der Niederländerin Paroli bieten.

Doch dann wird die Favoritin schneller und schneller. Sie siegt, die Deutsche stürmt als Zweite ins Ziel.

Sie lacht, was bleibt ihr übrig?

Immerhin ist es auch schon die zweite Silbermedaille für Irmgard Bensusan.

Der sehbehinderte Thomas Ulbricht sprintet über 100 Meter auf Platz drei.

Es ist ein zäher Lauf für ihn.

Früher hat er im Fünfkampf gut gepunktet. Doch die Disziplin ist abgeschafft worden, also hat sich Ulbricht auf den Sprint konzentriert. Klar war nur, dass es die Leichtathletik sein muss. Das ist schon so gewesen, als er noch fürs Abi büffelte. Während die Klassenkameraden in den Freistunden bei Zigaretten und Computerspielen abhingen, rockte »Adlerauge« auf der Trainingsbahn die Trainingseinheiten.

Obwohl er keine Norm vorweisen konnte, ist er mit einer Jahresbestzeit von 11:14 Sekunden nach Rio gereist. Nun also steht der Angestellte des Bundesinnenministeriums im Finale.

Eine halbe Minute später jubelt er über Bronze.

Später wird er die Euphorie kanalisieren und den Lauf (11:39 Sekunden) nüchtern rekapitulieren.

»Genossen habe ich das Rennen nicht. Du holst dir jetzt das Ding, habe ich mir gesagt. Wir hatten einen blöden Gegenwind. Unterwegs habe ich Krämpfe bekommen, die beiden favorisierten Konkurrenten waren einfach weit weg, die hatten ihren Lauf, ich musste schon

SOUVERÄN. Erstmals ist der Kanu-Rennsport paralympisch, Tom Kierey schnappt sich über die 200 Meter Platz zwei und Silber.

PACKENDES FINISH. Edina Müller muss sich im Sprint über 200 Meter nur hauchdünn geschlagen geben – Silber!

beißen. Dann war das Ziel da – und ich war am Ziel. Eine coole Sache war das!« 400 Meter. David Behre wird gejagt. Wird eingeholt, er ist Dritter, eigentlich ist nicht mehr drin. Da legt Behre einen Schlussspurt vom Feinsten hin. Er holt den Amerikaner ein, zieht er auch am Neuseeländer Liam Malone vorbei? Schlussendlich fehlen drei, vier lange Schritte zum Gold.
Beim Sportler Behre hört sich das so an:

»Beim Start komme ich nicht gut raus. Der Schritt ist flott, ich werde ziemlich gescheucht, ich höre sie hinter mir: ›Tatatata! Tatatata!‹. Das stresst, jetzt laufe ich die Kurve nicht so aktiv, die ziehen an mir vorbei, ich drehe auf, bin sehr schnell, muss aufpassen, dass ich nicht nach vorne kippe. Den Ami packe ich weg, jetzt der Liam, jetzt, jetzt. Nee. Nee, passt nicht ganz. Silber. Auch gut.«

SCHWIMMEN
Geht doch

Die Schwimmer, bislang nicht gerade erfolgsverwöhnt, freuen sich über Torben Schmidtke. Über 100 Meter Brust gewinnt er Bronze. Zu Beginn der Spiele hat Denise Grahl über 50 Meter Freistil die bisher einzige deutsche Schwimmmedaille gewonnen. Für Schmidtke, der eine Fehlbildung beider Beine und des linken Arms hat, ist es die zweite Paralympicsmedaille. Bei seiner Premiere 2012 in London hat der 27-Jährige Silber gewonnen, ebenfalls über 100 Meter Brust.

KANU
Das war knapp

Beide deutschen Weltmeister des Newcomer-Sports Kanu kratzen am Gold. Hauchdünn kommen Edina Müller und Tom Kierey beim Sprint über 200 Meter als Zweite ins Ziel.
Kein Grund zum Lamentieren. »Die 200 sind ein kleines Miststück«, grummelt Kirerey. Erst recht bei starkem Seitenwind. »Ich musste einmal ausgleichen und gegenlenken und war zum Schluss wieder gut in der Spur und gut im Rennen, aber es hat auf den letzten Metern einfach nicht mehr gereicht, um noch mal nach vorne zu kommen«, sagt Edina Müller.
Aber was soll's? »Wir haben da ja wirklich um jeden Zentimeter gekämpft – und das ja schon das ganze Jahr über. Ich freue mich, weil wir Geschichte geschrieben haben beim ersten Kanurennen bei Paralympischen Spielen.«

Meldung

London-Paralympicssieger Heinrich Popow hat eine Medaille über 100 Meter verpasst. Der 33 Jahre alte Leverkusener wird in 12,46 Sekunden nur Vierter. Hinter dem australischen Sieger Scott Reardon (12,26), dem Lebensgefährten der deutschen Weitsprung-Paralympicssiegerin Vanessa Low, vergibt das Internationale Paralympische Komitee (IPC) zwei Silbermedaillen an die zeitgleichen Richard Whitehead (Großbritannien) und Daniel Wagner (Dänemark/beide 12,32). Bronze wird nicht vergeben. Popow wird Vierter und geht leer aus.

Tag

10

GELEBTE INKLUSION

Eigentlich haben sie sich schon mit Gold um den Hals gesehen, die deutschen Rollstuhlbasketballerinnen. Nachdem sie im Halbfinale die Niederlande aus der Halle gefegt hatten, schien der Turniersieg zum Greifen nahe. Doch die US-Girls haben den Traum platzen lassen. Was bleibt: Silber, Enttäuschung über die Darbietung im Endspiel – und die Erinnerung an eine Mannschaft, in der Inklusion und packender Sport gelebt werden. →

TRÄNEN DER ENTTÄUSCHUNG. Diese Final-
niederlage tut richtig weh.

DAS HALBFINALE. Mit einer souveränen Leistung gegen Favorit Niederlande erreichten die
deutschen Damen das Finale.

Sie sind richtig enttäuscht. Die jungen Damen, die in den letzten Tagen die Fans begeistert haben, weil sie großartigen Sport gezeigt und mit blendender Laune die Menschen verzaubert haben, rollen schlecht gelaunt aus dem Turnier.

»Wir waren meilenweit von dem entfernt, was wir spielen können«, sagt die Bitburgerin Marina Mohnen. »Viele von uns sind schon so lange dabei, da darf so etwas nicht passieren. Schon gar nicht in einem Goldmedaillen-Spiel.«

Was passiert ist?

Die deutschen Rollstuhlbasketballerinnen haben die Wiederholung ihres Gold-Coups von London deutlich verpasst. Im Finale von Rio de Janeiro verliert am zehnten Tag der Paralympics die Mannschaft von Cheftrainer Holger Glinicki gegen die USA mit 45:62 (17:29) und muss sich mit Silber trösten.

So schlecht haben sie im ganzen Turnier nicht gespielt; nicht mal im Albtraum haben sie gedacht, dass sie sich selbst das Endspiel so sehr verhageln könnten.

Noch im Halbfinale hatten die deutschen Damen den vermeintlichen Topfavoriten Niederlande 55:45 geschlagen. Da verkündeten sie unisono, dass sie ja nun den großen Favoriten aus dem Turnier gekegelt hätten – die Amerikanerinnen seien jetzt ein durchaus schlagbarer Gegner. Von wegen! »Das war heute leider nicht unser Tag«, erklärt Cheftrainer Holger Glinicki nach dem Spiel. Er stockt kurz,

dann blickt er in die Runde und meint: »Man ist traurig, wenn man ein Endspiel verliert. Aber wir sollten auch bedenken, dass es keine Selbstverständlichkeit ist, zweitbeste Mannschaft der Welt zu sein. Wir haben heute Silber gewonnen und nicht Gold verloren.«

Deutschland startet zunächst wie im Halbfinale beim Erfolg über die favorisierten Niederländerinnen stark und fightet bis zum Beginn des zweiten Viertels auf Augenhöhe mit dem späteren Paralympics-Sieger.

Doch nach rund 13 Minuten reißt der Faden, und die USA ziehen bis zur Halbzeitsirene mit zwölf Punkten Differenz davon.

Auf den guten Beginn folgte die große Katastrophe. Denn in der restlichen ersten Hälfte bleiben die Deutschen deutlich unter ihren Möglichkeiten. Trefferquote des Glinicki-Teams: 30 Prozent. Allein im zweiten Viertel versieben die Frauen ihre ersten sieben Versuche, im dritten treffen sie bei den ersten sechs Würfen den Korb nicht. Zwischenzeitlich führen die Amerikanerinnen mit 25 Punkten (44:19).

Bei Trainer Glinicki schwellen die Adern an der Schläfe. Er faltet seine »Mädchen« ordentlich zusammen. Sie besinnen

sich, starten eine Aufholjagd. Erst jetzt zeigen sie, warum sie es bis ins Finale geschafft haben.

Zu spät. Team USA kommt nicht mehr in Bedrängnis. Schlusssirene, die amerikanischen Frauen feiern, die Deutschen rollen frustriert zum Duschen.

Bei der Siegerehrung haben sie sich wieder gefasst und treten als das fröhliche Team auf, das die Fans für sich eingenommen hat. Auch der Trainer lächelt – schließlich mag er es auch, wenn seine Mädchen Silber gewinnen.

Holger Glinicki trainiert die deutschen Frauen seit 2005. Bei den Paralympics 2008 in Peking führte er sie zu Silber und 2012 in London zu Gold.

Eigentlich wollte er ja im Fußball ein Großer werden. Doch als junger Mann wurde er bei einem Motorradunfall schwer verletzt. Er entdeckte den Rollstuhlbasketball für sich und wurde Nationalspieler. Glinicki bestritt mehr als 100 Länderspiele, nach dem Ende der Spielerkarriere schulte er um und wurde Trainer – im Verein und später gleichzeitig im Verein und für die Nationalmannschaft.

Anfangs, so erinnert sich der ruhige Mann mit der großen Erfahrung, habe sich die Szene an den auch heute noch großen Rollstuhlbasketball-Nationen USA

GLÜCKWUNSCH. Die Amerikanerinnen jubeln. Sie haben den London-Sieger bezwungen.

DANKE. Mit einem Spruch-band bedanken sich die deut-schen Damen für die tolle Un-terstützung des brasilianischen Publikums.

und Kanada orientiert. »Aber dann sind wir zum Trend geworden.« Erst recht nach dem Finalsieg in London gegen Australi-en vor mehr als 15.000 Zuschauern. Es war für ihn und seine Spielerinnen ein lange Zeit kaum vorstellbarer Karriere-höhepunkt.

Natürlich wollte er den Coup von London in Rio wiederholen. Die Gegebenheiten sind vielversprechend. Die meisten Na-tionalspielerinnen kennt Glinicki aus der Vereinsarbeit. Vier Akteurinnen, die in Rio dabei sind, spielen unter seiner Füh-rung bei der BG Baskets Hamburg.

Glinicki ist ein verlässlicher Ruhepunkt für die deutschen Basketball-Damen. Sie wissen, der Mann ist Bundesligatrainer in Hamburg und Honorartrainer des Deut-schen Rollstuhl-Sportverbandes. Auf Gli-nicki kann man bauen.

Er beschreibt seine Mannschaft als ein Team, in dem sich Talent und Erfahrung wundervoll ergänzen. »Sie spielen nicht rasend schnell, dafür aber umso siche-rer.« Meistens, sagt er, müsse er gar nicht so viel tun, »die Mädels regeln ganz viel allein. Manchmal muss ich aber ein-schreiten, da bin ich dann an der Linie nicht mehr der Ruhigste.« Es sei ja ohne-hin so, dass es nicht zu harmonisch zu-gehen solle, wenn man den Erfolg haben wolle. Da dürfe es dann im Team »gerne mal mehr krachen«.

Rollstuhlbasketball ist in den Jahren seit London sehr viel professioneller und an-spruchsvoller geworden. Die Team-Etats in der Bundesliga haben sich verfünf-facht. Auch die Damen-Nationalmann-schaft bekommt mehr Unterstützung, hat Sponsoren. Vom Basketball leben kann allerdings keine Spielerin. »Alle sind berufstätig, und einige investieren ihren Jahresurlaub und Überstunden für Ereignisse wie die Paralympics.« Und die

Motivation wächst, sagt der Trainer.

Es ist ein schöner Kreis, der sich da schließt. Die Frauen sind engagiert und voll bei der Sache; der Trainer weiß, wo-hin er will; und die Erfolge sind da: In den vergangenen neun Jahren war das Team bei allen internationalen Wettbewerben im Endspiel. »Das macht Druck, sicher-lich. Aber die Spielerinnen sind sehr er-fahren. Und sie lieben diesen Druck.«

Nicht alle Spielerinnen sind auch außer-halb des Feldes auf den Rollstuhl ange-wiesen. Mareike Miller beispielsweise spielte als Mädchen »begeistert Basket-ball. Das war das Höchste für mich. Aber dann habe ich mich mehrfach schwer am Knie verletzt.«

Die Ärzte rieten der jungen Frau, mit dem Sport aufzuhören. »Ziemlich schnell habe ich aber gemerkt, dass das auch nicht das Wahre ist. Ich musste mich auch selbst bewegen.«

AUF GEHT'S. Sebastian Dietz stößt die Kugel zur Gold-Weite. In London hatte er noch Diskus-Gold gewonnen.

DER ZWEITE STREICH. Hans-Peter Durst schnappt sich die zweite Goldmedaille bei den Paracyclern, gewinnt auch das Straßenrennen.

oder Knorpelschäden) – wird sie mit einem Handicap von bis zu fünf Punkten klassifiziert. Die aus fünf Spielern bestehende Mannschaft darf addiert nicht mehr als 14,5 Klassifizierungspunkte haben, wenn sie aufs Feld rollt.

Eine Rechenaufgabe, in jedem Training, jedem Spiel. Für einen Coach wie Glinicki ist es Alltag. Er sagt: »Wir haben seit 20 Jahren gelebte Inklusion im Rollstuhlbasketball. Hier redet keiner mehr drüber. Wir machen es einfach.«

Um die 500 Zuschauer kommen zu den Bundesligaspielen der BG Baskets Hamburg – gespielt wird in einem Sportzentrum, das extra für diverse Angebote des Behindertensports gebaut wurde. Es ist eine gemischte Mannschaft, in der »Fußgänger« und Rollstuhlfahrer, Männer und Frauen zusammen aktiv werden. »Der Rollstuhl ist für viele einfach ein Sportgerät.«

So muss es sein, erklärt der Cheftrainer. Es gebe noch viel zu tun. Man nehme nur mal die Behindertentoiletten in deutschen Einkaufszentren: »Man könnte mit einem LKW reinfahren, aber es gibt nur eine einzige auf vier Passagen.« In den USA gebe es selbst in der entlegensten Gegend immer ein Behinderten-WC.

Miller gilt beim Rollstuhlbasketball als »minimalbehindert«. So bekommt sie bei der sogenannten »funktionalen Klassifizierung« einen relativ hohen Wert zugewiesen.

Ähnliches gilt für Gesche Schünemann. Auch sie war als Kind und Jugendliche im »Fußgänger-Basketball« (der Begriff für das Spiel der Nicht-Behinderten) ak-

tiv, ehe sie sich mehrfach an den Knien verletzte. Sie stieg auf die Rollstuhl-Version um – »das war gar nicht so leicht. Ich musste mich an neue Bewegungen und andere Abläufe gewöhnen«.

Inzwischen ist Schünemann eine der Leistungsträgerinnen im Team. Als »Fußgängerin« – oder, politisch korrekter: Minimalbehinderte (etwa mit Kreuzband-

GROSSES FINALE. Thomas Schmidberger und Thomas Brüchle gewinnen zwar das Doppel gegen die Chinesen, verlieren aber insgesamt mit 1:2 und holen Silber.

Es muss Gewinner und Verlierer geben. Wir sind die Verlierer, leider wieder mal gegen China«, sagt ein geknickter Schmidberger.

»Toilette heißt dort automatisch: auch für Behinderte. Und ein besonderes Schild gibt es nicht für uns.« Mehr Normalität im Umgang mit seinesgleichen, weniger Scheu, das wünscht sich der Bundestrainer.
Und bei den nächsten Paralympics wieder Gold.

LEICHTATHLETIK
Umgeschult

Sebastian Dietz ist zum zweiten Mal Paralympics-Sieger. Vier Jahre nach seinem Erfolg im Diskuswerfen gewinnt der 31-Jährige das Kugelstoßen mit dem Paralympics-Rekord von 14,84 Metern. Er lässt dabei dem Ukrainer Mykola Dibrowa mit 14,26 Metern und dem Chinesen Cuiqing Li, der 14,02 Meter weit stößt, keine Chance. Dietz hat 2015 in Doha bereits den WM-Titel im Kugelstoßen gewonnen.
Das Diskuswerfen gehört in Rio in seiner Startklasse nicht mehr zum Wettkampfprogramm – deswegen musste Dietz umschulen. »Ich habe gesagt, dass ich kämpfen werde, um wieder Gold zu ge-

winnen, und jetzt hat es geklappt. Mal schauen, was nächstes Jahr bei der WM in London im Programm ist. Am schönsten wäre es, wenn ich in Tokio 2020 in beiden Disziplinen starten und dann noch mal gewinnen könnte.«

TISCHTENNIS
»Das tut weh«

Die Tischtennis-Spieler Thomas Schmidberger und Thomas Brüchle gehen durchaus mit Hoffnungen ins Finale, müssen aber dann ihre Grenzen erkennen. Das Weltmeister-Duo verliert im Finale gegen Favorit China mit 1:2. Im Doppel siegen die Rollstuhl-Athleten gegen Panfeng Feng und Ping Zhao mit 3:0 (11:9, 11:8, 11:5). Die anschließende Neuauflage des Einzelfinals verliert Schmidberger mit 0:3 (5:11, 9:11, 4:11) gegen Feng.
Im entscheidenden Duell scheitert Brüchle mit 2:3 (11:9, 11:6, 8:11, 9:11, 5:11) an Xiang Zhai, nachdem er schon mit 2:0 Sätzen und 9:6 Punkten vorn gelegen hat. »Ich weiß gar nicht, was gerade passiert ist. Mein Gott, so ein Spiel zu verlieren, das tut weh. So ist der Sport.

RADSPORT
Alessandro, wieder Alessandro

Der frühere Formel-1-Fahrer Alessandro Zanardi puscht sich in Rio zu seinem zweiten Gold. Der 49-jährige Handbiker siegt mit dem italienischen Mixed-Team. Zanardi hat zuvor schon Gold im Zeitfahren und Silber im Straßenrennen geholt. Vor 15 Jahren verlor er bei einem schweren Unfall auf dem Lausitzring beide Beine.

RADSPORT
Aus eins mach zwei

Hans-Peter Durst (T2) hat als erster deutscher Athlet bei den Paralympics in Rio de Janeiro Doppel-Gold gewonnen. Nach seinem Sieg im Zeitfahren triumphiert der Dortmunder auch im Straßenrennen. Der 58-Jährige setzt sich nach 30 Kilometern in 50:57 Minuten mit drei Sekunden Vorsprung auf den Briten Davis Stone und den Kolumbianer Nestor Ayala Ayala durch. »Ich weiß nicht, woher die Kraft kommt. Ich hätte mich auch über eine einzige Goldmedaille gefreut. Jetzt sind es zwei. Das ist ein unbeschreibliches Gefühl.«

Meldung

Dressurreiten: Erst im letzten Wettbewerb – in der Kür Grad II – erfüllt sich Steffen Zeibig mit Feel Good 4 einen Traum. Bei seinen dritten Paralympischen Spielen gewinnt er endlich die Bronzemedaille in der Einzel-Kür. Und das mit der höchsten Wertung, die er jemals für diese Darbietung erhalten hat. Mit 74,350 Prozent darf er zusammen mit der Goldmedaillengewinnerin Natasha Baker auf Cabral (GBR, 77,900) und der Niederländerin Rixt van der Horst auf Carat (76,250) auf das Podest und seine erste paralympische Einzelmedaille in Empfang nehmen.

Tag

11

GROSSE »SPRÜNGE«

Ja, wo landen sie denn? Der Deutsche Behindertensportverband zieht nach Tag elf der Paralympics recht zufrieden seine erste Bilanz. Die deutsche Mannschaft liegt in der Nationenwertung auf Rang sechs – das ist durchaus im Soll. Ihren Teil zur positiven Schlussabrechnung tragen die Athleten bei, die am vorletzten Tag die Erwartungen erfüllen. →

DOPPELFEIER. Felix Streng und Markus Rehm legen sich gemeinsam die Fahne um, feiern Gold und Bronze.

57 Medaillen gewinnen die Sportler des Deutschen Behindertensportverbandes (DBS) bei den Paralympics in Rio – 18 goldene, 25 silberne, 14 Mal holen die Athleten Bronze. Im Medaillenspiegel rangiert Deutschland in Rio auf Platz sechs – in London war das Team Achter. Am vorletzten Tag der Wettkämpfe von Rio haben die Deutschen noch einmal einen Lauf. Vor allem die Leichtathleten sind von einem guten Stern bestrahlt.

DER BELEG. Markus Rehm springt paralympischen Rekord. 8,21 Meter hat vor ihm bei den Spielen keiner geschafft.

WEITSPRUNG
Markus Rehm, wer sonst?

Hat irgendjemand daran gezweifelt, dass Markus Rehm im Weitsprung Gold holen würde? Nicht wirklich. In der Klasse T44 siegt er souverän und wiederholt damit den Erfolg von London.

Der 28-Jährige vom TSV Bayer 04 Leverkusen, der von Steffi Nerius trainiert wird, fliegt im sechsten Versuch auf 8,21 Meter. Paralympischer Rekord ist das. »Es ist immer schön, wenn man sich im letzten Versuch noch steigern und einen raushauen kann.« Da kann niemand kontern. Auch nicht Teamkollege Felix Streng, der letztlich mit 7,13 Meter Bronze gewinnt und als dritter Athlet in der Klasse T44 die 7-Meter-Marke knackt.

Für Rehm ist es nach dem Sieg mit der 4x100-Meter-Staffel das zweite Gold bei den Spielen in Rio. »Die Leistung war gut, ich wollte zeigen, dass paralympischer Spitzensport auch mit olympischem Sport mithalten kann«, sagt Rehm nach dem Wettkampf.

Der Weitspringer, der schon bei den Nicht-Behinderten Deutscher Meister geworden ist und Ambitionen hatte, in Rio auch bei Olympia starten zu dürfen, hat sich mit dem Leichtathletik-Weltverband IAAF zusammengesetzt. »Vielleicht klappt es ja nächstes Jahr in London, dass ich auch bei den Nicht-Behinderten springen darf. Wir haben in den Gesprächen gemerkt, dass wir nicht so weit auseinander sind. Es geht mir nicht darum, Medaillen zu gewinnen, sondern einfach um den Wettkampf und darum, den paralympischen Sport noch bekannter zu machen.«

DA SPRITZT DER SAND. Markus Rehm landet im letzten Versuch bei 8,21 Metern und holt das erwartete Gold.

DISKUSWURF
Gold, Silber, Bronze – immer wieder

Marianne Buggenhagen gewinnt Silber im Diskuswurf der Klasse F55, na und? Das kennen wir doch, dass die Frau vorn mitmischt. Sie holt eben bei ihren siebten Spielen wieder eine Medaille. In Rio nichts Neues.

Die 63-Jährige vom PSC Berlin, die von Dr. Ralf Otto trainiert wird, schleudert den Diskus gleich im ersten Versuch auf 24,56 Meter – doch die Chinesin Feixia Dong, die als Einzige überhaupt schon mal so weit geworfen hat, kontert mit 25,03 Metern im zweiten Versuch. Bronze geht mit 22,66 Metern an die Lettin Diana Dadzite, die in Trier auch noch in der Rollstuhlbasketball-Bundesliga spielt.

Weltrekordhalterin Buggenhagen, Paralympics-Siegerin von 1992 bis 2008, muss nun im Medaillenschrank noch ein bisschen anbauen. Gold hat sie 1992 in Barcelona im Kugelstoßen, Diskuswurf, Speerwurf und Fünfkampf geholt, Gold 1996 in Atlanta im Diskuswurf und Kugelstoßen und Bronze mit dem Speer, Gold 2000 in Sydney und 2004 in Athen im Kugelstoßen, dazu 2004 Silber mit dem Diskus, Gold 2008 in Peking im Diskuswurf und Bronze im Kugelstoßen, Silber 2012 in London im Kugelstoßen, dazu etliche Welt- und Europameistertitel. Jetzt soll aber Schluss sein mit den großen Wettkämpfen. »Das war meine letzte Medaille, mein letzter Wettkampf. Die jungen Athletinnen müssen an mir vorbeikommen, ich habe heute noch mal gezeigt, was möglich ist, wenn man hart an sich arbeitet. Es ist nie zu spät, Sport zu treiben.«

DER LETZTE AUFTRITT. Marianne Buggenhagen schleudert den Diskus zu Silber und tritt mit einer erneuten Medaille ab.

KUGELSTOSSEN
Überlegen – und wie!

Es ist das dritte Gold bei den zweiten Spielen. Birgit Kober siegt im Kugelstoßen der Klasse F36 – 11,41 Meter im sechsten Versuch sind der Nachweis einer großen Überlegenheit. Die 45-Jährige vom TSV Bayer 04 Leverkusen, die nach den Spielen zu 1860 München in ihre Heimat wechselt, ist mit jedem ihrer sechs Versuche besser als die zweitplatzierte Quing Wu.

Dabei war für Kober die Zeit in Rio nicht einfach: Ein entzündeter Daumen verhinderte ein geregeltes Training, dann kam auch noch eine Erkältung dazu. »Eigent-

FREUDE PUR. Birgit Kober holt sich das Kugel-Gold. Da geht der Daumen nach oben.

SCHNELL WIE DER WIND. Der Pferdeschwanz hebt schon einmal ab. Vanessa Low läuft zu Silber.

KRÖNENDER ABSCHLUSS. Irmgard Bensusan holt dreimal Silber. Auch über die 100 Meter läuft sie auf Platz zwei und ist damit die deutsche Lauf-Queen.

lich habe ich diese Woche bei dem Infekt gedacht, das war's jetzt«, sagte Kober: »Dass es jetzt so geklappt hat, ist unglaublich. Ich habe nur Goldmedaillen in meiner Karriere, keine einzige silberne.«

SPRINT
Guter Tag für Silber

Fast hätte sie es noch geschafft. Mit einem furiosen Finish rauscht Vanessa Low über 100 Meter der Klasse T42 ins Ziel – und wäre das Rennen noch drei Schritte länger gewesen, dann hätte sie Gold. So ist es »nur« der zweite Platz. »Ich hatte einen super Start. Ich wusste, dass ich schon einen sehr guten Tag für Gold brauche. Den hatte ich zwar, aber sie hatte halt leider keinen schlechten«, sagt Low über Siegerin Martina Caironi und lacht.

Die 26-Jährige, die für den TSV Bayer 04 Leverkusen startet und in den USA von Roderick Green trainiert wurde, rennt in 15,17 Sekunden deutschen Rekord. Schon nach dem Vorlauf ist sie mit der zweitschnellsten Zeit ins Finale gekommen, dort aber ist wieder die italienische Weltmeisterin Caironi in 14,97 Sekunden die schnellste Athletin und Paralympics-Siegerin, obwohl Low ihr am Ende gefährlich nahe gekommen ist: »Ich bin zufrieden, es ist eine Spitzenzeit und super, dass ich so nah dran war. Leider sind es 100 Meter und keine 110.«

War es vielleicht schon ihre letzte Medaille bei den Spielen? »Die nächsten Paralympics sind ganz weit weg. Die WM in London nächstes Jahr will ich noch machen, aber alles andere wird sich später zeigen. Mit Gold im Weitsprung ist hier mein Traum in Erfüllung gegangen, Silber über 100 Meter ist auch super. Ich habe mich hier verletzungsbedingt von Training zu Training und zum Wettkampf gehangelt, aber die Ergebnisse waren es wert. Nun ziehe ich zu meinem Freund nach Australien – dann sehen wir, was kommt.«

SPRINT
Erstmal ein Eis

Irmgard Bensusan sprintet über 100 Meter der Klasse T44 zu Silber – somit gewinnt sie in Rio nach Silber über

---

Spruch des Tages

»*Hätte die Alte mal vor fünf Jahren aufgehört.*« Die 63-jährige Sportlerin Marianne Buggenhagen über das Wunschdenken der Konkurrenz.

Zahl des Tages

23… Jahre jung war die sportbegeisterte Marianne Buggenhagen, als ein Bandscheibenvorfall sie aus der Bahn warf.

Meldungen

Alles Müll. »Das war echt nicht meine Woche«, meint Heiko Kröger (Norddeutscher Regatta Verein) nach dem letzten Rennen enttäuscht. Mit dem Kielboot hat er nur Platz sieben belegt. Und das, nachdem er im Rennen zuvor

DA IST DAS DING. Heinrich Popow holt sich am letzten Tag seine Goldmedaille, gewinnt den Weitsprung.

200 und 400 Meter ihre dritte Paralympics-Medaille. »Ich habe gekämpft bis zum Schluss, es war echt knapp«, sagt die 25-Jährige, die seit zwei Jahren für Deutschland startet und beim TSV Bayer 04 Leverkusen trainiert.

Die gebürtige Südafrikanerin überquert nach 13,04 Sekunden die Ziellinie und bleibt wie über 200 Meter nur hinter der niederländischen Weltrekordhalterin Marlou van Rhijn.

»Was soll man sagen? Sie hat gewonnen. Ob zwei Hundertstel, ein Hundertstel – gewonnen ist gewonnen. Das ist schade für mich, aber ich bin auch mit Silber glücklich.« Europameisterin Bensusan grämt sich nicht lange über die Niederlage gegen eine Konkurrentin, die mit ihren zwei Prothesen eine unwiderstehliche Endgeschwindigkeit hat. Irmgard schnappt sich eine Deutschlandfahne und feiert. Als einzige Athletin hat sie in drei Einzelwettbewerben auf dem Podium gestanden. »Es ist nicht so einfach, ins Finale zu kommen, wie es alle sagen. Dreimal Silber ist deshalb echt super.«

Nun hat sie fünf Rennen in den Beinen, ist dreimal aufs Podium geklettert und fühlt sich ziemlich müde. Jetzt gibt es nur noch eines: »Ich gehe erst ein Eis essen – und dann ins Deutsche Haus.«

WEITSPRUNG
Toller »Abgang«

Flugs zum Gold. Heinrich Popow siegt im Weitsprung der Klasse T42 – das ist nach Gold 2012 über die 100 Meter sein zweiter großer Erfolg bei Paralympics.

Der 33-Jährige – beim TSV Bayer 04 Leverkusen von Karl-Heinz Düe trainiert – springt gleich im ersten Versuch auf 6,70 Meter. »Heute war ich wieder der abgezockte Heinrich. So kann ich die Paralympics-Bühne verlassen. Ich hatte vor, ich haue gleich im ersten Versuch einen raus. Insgeheim wollte ich die magische Sieben-Meter-Marke angreifen, aber bei Paralympics ist das noch mal was anderes und jetzt nach Gold auch egal.«

Nachdem Popow die achte Goldmedaille für die deutsche Leichtathletik-Mannschaft geholt hatte, verriet er noch weitere Geheimnisse: »Beim Warm-up haben wir uns vorgenommen, wir müssen noch an den Radsportlern vorbeiziehen. Jetzt sind wir in Goldmedaillen gleich, und Markus wird uns heute Abend noch eine vorbeibringen.«

Das tut er dann auch, der Markus.

SCHWIMMEN
Im »Tunnel«

Happy End für Maike Naomi Schnittger und die deutschen Schwimmerinnen und Schwimmer: Beim letzten Finale mit deutscher Beteiligung schwimmt die 22-Jährige vom SC Potsdam über 50 Meter Freistil auf Platz zwei – und beweist dabei Nervenstärke. Es ist nach Silber für Denise Grahl und Bronze für Torben Schmidtke das dritte Edelmetall für das deutsche Team im Aquatics Stadium.

Dabei wird Schnittger der Erfolg auf ihrer Hauptstrecke zum Abschluss nicht leicht gemacht. Nach der hauchdünn verpassten Medaille über 400 Meter Freistil, als sie Bronze nur um acht Hundertstel verfehlte, und Platz sechs über 100 Meter Freistil will die sehbehinderte Schwimmerin unbedingt mit Edelmetall im Gepäck die Heimreise antreten. »Der Druck war sehr groß und die Medaille mein Ziel«, sagt sie.

Aber es ist ein zähes Stück Arbeit für den Erfolg.

Die Kontrahentin verursacht einen Frühstart. »Die anderen Mädels hatten natürlich die gleichen Voraussetzungen, allerdings ist es mir beim zweiten Start nicht gelungen, wieder ganz im Tunnel zu sein«, erzählt die 22-Jährige, für die es nach London 2012 die zweiten Paralympics waren, nach dem Rennen.

Doch Schnittger dreht nach einem mäßigen Start mächtig auf, sie schlägt am Ende souverän als Zweite an. 28,38 Sekunden liegen nur knapp über der persönlichen Bestzeit. »Ich bin super zufrieden mit der Zeit unter diesen Bedingungen. Die vorherigen Rennen habe ich ausgeblendet. Jetzt habe ich Silber, das zählt«, jubelt Schnittger nach dem versöhnlichen Abschluss voller Erleichterung.

mit Rang zwei noch einmal sein Können unter Beweis gestellt hat. Besonders zu kämpfen hatte der 50-Jährige in zwei Rennen mit dem Müll, der in der Marina da Gloria umher schwamm. »Gestern ist mir in Führung liegend

eine riesige Plastikplane ins Ruder geraten, die ich nicht mehr losgeworden bin. Das hat natürlich das Boot gebremst, was ich am Ende nicht mehr aufholen konnte«, ärgert er sich. Für die Segler war der Wettbewerb in Rio de

Janeiro das vorerst letzte paralympische Rennen. Weil sich nicht mehr genügend Nationen zu den paralympischen Regatten anmelden, wurde die Sportart zumindest für Tokio 2020 aus dem Programm genommen.

12

MIR NACH!

Annika Zeyen trägt bei der Schlussfeier in Rio die deutsche Fahne. Sie ist eine bemerkenswerte Frontfrau der Deutschen Paralympischen Mannschaft. Hat im Sport alles erreicht, was man erreichen kann. Hat sich optimistisch in ihrem Leben eingerichtet und scheut vor keiner Herausforderung zurück. Sie ist eine Athletin, die Großes leistet und Hoffnung macht. Ihre Karriere: eine heroische Geschichte. →

DAS FEUER ERLISCHT. Zwölf Tage lang brannte die Flamme in Rio und leuchtete den Paralympischen Spiele den Weg.

Das Stadion ist voll, die Menschen sind gerührt – schade, dass nun Schluss ist. Aber sei's drum, es waren tolle Tage – nun wird gefeiert.

Hundert Minuten Party sind vorbei, da beginnt es zu schütten in Rio. Die Sportlerinnen und Sportler flüchten an den Rand des Innenraums im Maracanã-Stadion und lassen den Präsidenten im Regen zurück. Das scheint den nicht sehr zu verdrießen. Ungerührt bringt Sir Philip Craven, der Chef des Internationalen Paralympischen Komitees (IPC), seine Rede zu Ende. »Exzellente Spiele« habe er gesehen, er freue sich schon auf die nächsten Paralympics in Tokio.

Zuvor hatte Rios Bürgermeister Eduardo Paes die Paralympics-Fahne an Yuriko Koike, die Gouverneurin der japanischen Metropole, übergeben. Es ist getanzt worden, es gab eine Gedenkminute für den beim Radrennen gestorbenen Iraner Bahman Golbarnezhad. Das Feuerwerk war von großer Brillanz, und die Sportler erklärten, sie seien mit Sir Craven sehr einverstanden: Exzellente Tage seien das gewesen.

Das sagt auch Annika Zeyen. Sie hat mit dem Basketballteam Silber gewonnen, und die Trübsal über das vergeigte Finale gegen die USA hat sich längst gelegt. Annika Zeyen ist quietschvergnügt an

diesem letzten Abend in Rio, zumal sie für die deutsche Mannschaft die Fahne trägt.

Annika Zeyens paralympische Karriere ist bewundernswert: 2008 hat sie mit der Mannschaft in Peking Silber gewonnen, in London Gold und jetzt in Rio de Janeiro erneut Silber. Karl Quade, Chef de Mission der deutschen Mannschaft, bezeichnet Zeyen als hochverdiente Spielerin, die »eine großartige Botschafterin für den paralympischen Sport« sei: »Seit vielen Jahren ist sie mitverantwortlich für die großartigen Erfolge der Rollstuhlbasketball-Nationalmannschaft.«

382-mal hat die gebürtige Bonnerin in der Nationalmannschaft gespielt. Jetzt muss es auch einmal genug sein, sagt sie. »Rio war ein wunderbarer Abschluss – und dass ich die Fahne tragen darf, ist das i-Tüpfelchen auf meiner Karriere.«

Ja, sie hat noch einmal tüchtig Gas gegeben vor den Spielen in Rio. Drei Tage in der Woche lebte und trainierte Annika in Bonn, donnerstags flog sie nach Hamburg, am Wochenende spielte sie mit den dortigen BG Baskets. Und auch sonst war der Terminkalender voll. Trainingslager, Länderspiele. Härtetests in Kanada, in Großbritannien, den Niederlanden und in den USA. Alles wie gehabt – Leistungssport kann ein anspruchsvoller Job sein.

Annika Zeyen und ihre Kolleginnen haben ein prächtiges Turnier hingelegt. Die Menschen waren begeistert, der Trainer hatte nicht viel Anlass zum Meckern (nur zu Beginn der Wettkämpfe war er nicht ganz zufrieden, doch das hat sich gelegt) – und nach der Final-Niederlage war er es, der sagte: »Nicht Gold verloren, sondern Silber gewonnen.«

Tolle letzte Tage hat Annika Zeyen zum Schluss der Paralympics gehabt. Kollektiv hat man sich nach der Final-Niederlage gegen die Amerikanerinnen geärgert, doch schon bei der Siegerehrung lächelten Annika und die Mitspielerinnen wieder. Dann ging es mit der Familie auf die Piste. Annikas Mutter Maria Zeyen: »Wir haben nach dem Finale im Deutschen Haus gefeiert. Die Mädels haben es ganz hübsch krachen lassen.« Vater Rüdiger Zeyen erklärt, seine Tochter habe mindestens zwölf Jahre lang alle Freizeit dem Rollstuhlbasketball gewidmet. »Da darf es jetzt auch mal mehr selbstbestimmte Zeit geben.«

Im Rollstuhl sitzt Annika Zeyen seit ihrem 14. Lebensjahr. Bei einem Reitunfall erlitt sie eine Querschnittslähmung.

»Schon als Kind habe ich immer viel Sport getrieben. Ich bin gerne schwimmen gegangen, habe eine Zeit lang ge-

turnt, und schließlich mit dem Reiten angefangen. Pferde haben mich fasziniert, sie sind so schön anzuschauen. Erst hatte ich ganz normal Reitstunden genommen, dann fand ich eine Reitbeteiligung auf einem Hof, zu dem ich mit dem Fahrrad fahren konnte. Da konnte ich jeden Tag reiten, weil die Besitzerin des Pferdes wenig Zeit hatte. ›Svenja‹, ein Haflinger, war quasi mein eigenes Pferd, es gehörte mir bloß nicht.

16 Jahre alt. Wir ritten also in den Wald – und dann passierte es: Plötzlich gingen beide Pferde durch und rasten quer durch den Wald. Ich wusste überhaupt nicht mehr, wo ich war. Ich war nur noch damit beschäftigt, zu versuchen, das Pferd irgendwie anzuhalten. Die ganze Zeit hörte ich das andere Mädchen hinter mir, es hatte sein Pferd auch nicht mehr unter Kontrolle. Mitten im Vollgalopp verlor ich meine Steigbügel – das war das

aber ich habe gewusst, dass ich mich nicht hängen lasse.«
In Rekordzeit arbeitete sie sich durch ihr Reha-Programm. Die Ärzte hatten gemeint, sie brauche wohl ein halbes Jahr, um mit den neuen Anforderungen einigermaßen klarzukommen. Annika Zeyen verließ die Klinik nach sechs Wochen. »In der Reha war niemand auch nur annähernd in meinem Alter und insgesamt waren dort auch nur drei Frauen.

DANKE! Die Sportler haben sich wohlgefühlt und verbeugen sich vor den Gastgebern in Rio de Janeiro.

Bald wollte ich Turniere reiten. Da ›Svenja‹ aber kein einfaches Pferd war, wollte ich ein eigenes haben. Also habe ich mir gemeinsam mit meinen Eltern ein Pferd angesehen: ein Vollblut, das früher auf der Rennbahn gelaufen war. Das erfuhr ich allerdings erst, als wir schon bei der Besichtigung auf dem Hof der Eigentümerin waren. ›Lady‹, so hieß das Pferd, war sehr wild.
Auf dem Reitplatz kam ich mit ihr noch gut zurecht. Die Besitzerin hatte zwei Pferde, und wir entschlossen uns, mit den beiden ins Gelände zu gehen und ein bisschen durch den Wald zu reiten. Ich wollte wissen, ob ich dort auch mit dem Pferd klarkomme. Ich war 14, sie war

Letzte, an das ich mich erinnern konnte. Später habe ich erfahren, dass ich in diesem Moment vom Pferd gestürzt sein musste. Auch meine Begleiterin stürzte, sie hatte aber nur ein paar Prellungen.«

Die Wirbelsäule war durchgebrochen, die beiden Enden standen nebeneinander statt übereinander. Zwei Wirbel zwischen Brustwirbel und Lendenwirbel waren komplett zertrümmert. Zu operieren sei da nichts, sagten die Ärzte. Annika müsse sich mit einem Leben im Rollstuhl abfinden.
Dieser Schicksalsschlag krempelte ihr Leben komplett um. »Ich wusste nicht, wie mein Leben nun aussehen würde,

Ich habe mich als 14-jähriges Mädchen überhaupt nicht wohlgefühlt und wollte alles ganz schnell hinter mich bringen.«
Fabelhaft habe sie an sich gearbeitet, erinnern sich die Therapeuten und die Ärzte. Sie habe bei den Rollstuhlbasketballern mitgemacht – und da war sofort eine Begeisterung, die sie mit nach Hause nahm.
Annika Zeyen – ehrgeizig und durchs tägliche Reiten schon an diszipliniertes Sporttreiben gewöhnt – schloss sich dem ASV Bonn an, von 2003 an spielte sie in der Bundesliga.
Nach dem Abitur am Bodelschwingh-Gymnasium in Windeck-Herchen wechselte die Spielerin 2004 zum Aushänge-

EHRE. Annika Zeyen beendet ihre Karriere als Rollstuhl-basketballerin, holte zum Abschluss Silber. Sie trug die deutsche Fahne ins Maracanã-Stadion.

schild des deutschen Rollstuhlbasket-balls, dem RSV Lahn-Dill, fünf Jahre später zog Zeyen in die USA um, wo sie an der University of Alabama Werbung und Grafikdesign studierte.

Eine herrliche Zeit. Toller Sport, ein cooles Stipendium, ein fröhlich-freies Studieren, ein Campus der kurzen Wege, eine Gesellschaft, die unvoreingenommen mit behinderten Mitmenschen umgeht.

Sie hat sich in den Staaten vieles abgeschaut. Und Annika Zeyen hat ihr neues Leben offensiv angenommen.

»Ich bin eigentlich mit allem erstaunlich gut klargekommen. Irgendwie bin ich ein positiver Typ, und meine Eltern haben mich gelehrt, optimistisch in die Welt zu schauen.

Ich finde es schon merkwürdig, dass ich durch einen schlimmen Unfall zu meiner Karriere als Rollstuhlbasketballerin gekommen bin. Es ist schon toll, was ich durch den Basketball erleben kann. Ich glaube kaum, dass ich als Reiterin auch so weit gekommen wäre, und bin zufrieden damit, wie alles gekommen ist. Der Unfall war eben mein Schicksal.«

Nun macht sie also als Nationalspielerin Schluss. Leicht wird es nicht, denn »das Spielen in der Nationalmannschaft ist schon anders als im Verein. Ich höre die Hymne, ich weiß, jetzt spiele ich für Deutschland – das ist etwas Besonderes, da bekomme ich schon eine Gänsehaut.« Die Auftritte in der Nationalmannschaft mögen ihr vielleicht fehlen – aber in ein

GOODBYE RIO, WELCOME TO TOKIO. Dieser Japaner macht bereits Werbung für die nächsten Spiele im Fernen Osten.

2016
RIO
↓
2020
東京

Loch fällt eine aktive Frau wie Annika Zeyen bestimmt nicht. Da ist der Sport im Verein. Sie wird mit dem Handbike unterwegs sein, mit Freunden Spaß beim Wasser- oder Monoski haben.

Und sie wird andere Menschen mit einem ähnlichen Schicksal für den Sport begeistern. Für die Kampagne »Gemeinsam was ins Rollen bringen!« hat sie

Modell gestanden. »Und ehrlich: Wenn ich meine Sportart Rollstuhlbasketball betrachte, dann hat Sport auch in Bezug auf Inklusion schon so einiges ins Rollen gebracht. Fußgänger setzen sich freiwillig in den Rollstuhl und betrachten den Rollstuhl als Sportgerät – es rollt.«

Die Öffentlichkeitsarbeit klappt übrigens am besten, wenn Annika Zeyen Kindern und Jugendlichen den Spaß am Sport nahebringt. »Die sind sehr offen für Menschen mit Behinderung und haben sehr viel weniger Hemmungen als so mancher Erwachsener. Wenn man Kindern und Jugendlichen die Chance gibt, ihre eigenen Erfahrungen mit Menschen mit Behinderung zu machen und auch Fragen zu stellen, baut das viele Barrieren ab, und ein wichtiger Schritt in Richtung einer inklusiven Gesellschaft wäre gemacht. Vielleicht können Kinder ja doch auch Vorbilder für ihre Eltern sein.«

Jetzt trägt sie die Fahne.

Und morgen?

Keine Bange, von Annika Zeyen werden wir noch hören. Sie macht sich gerade beim Internationalen Paralympischen Komitee (IPC) in der Marketingabteilung im Bereich Branding und Design einen Namen. »Wir entwickeln den Look der Spiele auch bei Welt- und Europameisterschaften, und ich habe schon Kontakte zu den Paralympicsstädten Pyeongchang 2018 und Tokio 2020. Die Aufmerksamkeit und das Interesse am Behindertensport ist in den vergangenen Jahren größer geworden, das ist deutlich zu spüren.«

Die Frau weiß, was sie will. Annika Zeyen wird die Fahne noch ein gutes Stück weitertragen.

DIE FAHNEN WERDEN EINGEZOGEN. Die Flaggen von Brasilien und des IPC flatterten zwölf Tage nebeneinander, nun ist es vorbei.

Meldungen

Schöne Spiele. Dr. Ole Schröder, Staatssekretär im Bundesinnenministerium, spricht dem Internationalen Paralympischen Komitee (IPC) einen ausdrücklichen Dank aus für das »starke Signal«, das es mit dem Komplettausschluss der russischen Sportler gegeben habe. Dann ergreift bei einem offiziellen Empfang Harald Klein das Wort. Der deutsche Generalkonsul in Rio spricht davon, dass er die paralympische Stimmung als »weitaus freudiger, entspannter, angenehmer« empfunden habe als bei Olympia. Ein schönes Schlusswort für die ersten Spiele in Südamerika.

Die deutsche Delegation in Rio

155 Athleten starteten im Team Rio bei den Paralympics. Dazu kommen Trainer, Betreuer und Ärzte sowie die Delegations- und die Mannschafsleitung mit insgesamt weiteren 123 Offiziellen. Die Delegation im Einzelnen:

DELEGATIONSLEITUNG
Friedhelm Julius Beucher, DBS-Präsident
Thomas Urban, DBS-Generalsekretär
Thomas Härtel, Stv. Delegationsleiter
Dr. Michael Rosenbaum, Stv. Delegationsleiter
Dr. Roland Thietje, Stv. Delegationsleiter
Lars Pickardt, Stv. Delegationsleiter
Ute Herzog, Stv. Delegationsleiterin
Annett Chojnacki-Bennemann, Koordination

MANNSCHAFTSLEITUNG
Dr. Karl Quade, Chef de Mission
Frank-Thomas Hartleb, Stv. Chef de Mission
Anthony Kahlfeldt, Stv. Chef de Mission
Dr. Jürgen Kosel, Chief Medical Officer
Markéta Marzoli, Presseattaché
Jens Godlinski, Sicherheit
Marc Möllmann, Team-Office
Beate Franz, Team Office & Anti-Doping
Solveig Konrad, Team-Office
Marc Kiefer, Team-Office
Denis Schneider, Team-Office

ÄRZTETEAM
Dr. med Anja Hirschmüller, Orthopädin
Dr. Rolf Kaiser, Internist
Dr. Sascha Kluge, Orthopäde
Dr. Ulrike Schmieder von Welck, Orthopädin
Prof. Dr. med. Wolfgang Schultz, Orthopäde
Dr. Stefan Sevenich, Orthopäde
Dr. Bernadette Unkrüer, Tierärztin
Dr. Dr. Hans-Herbert Vater, Allgemeinmediziner
Dr. Hans Jürgen Völpel, Orthopäde

TRAINER/BETREUER
Mathias Nagel, Cheftrainer Bogenschießen
Harry Mende, Co-Trainer Bogenschießen
Johannes Günther, Cheftrainer Goalball
Stefan Weil, Co-Trainer Goalball
Carmen Bruckmann, Cheftrainerin Judo
Stefan Saueressig, Co-Trainer Judo
Sandra Müller, Cheftrainerin Kanu
Jürgen Hausmann, Co-Trainer Kanu
Richard Prokorny, Techniker Kanu
Willi Gernemann, Bundestrainer Leichtathletik
Steffi Nerius, Blocktrainerin Wurf, Sprint, Sprung
Marion Peters, Blocktrainerin Schnellfahren
Karl-Heinz Düe, Co-Trainer Leichtathletik
Alexander Holstein, Co-Trainer Leichtathletik
Ralf Paulo, Co-Trainer Leichtathletik
Eva-Maria Raubuch, Co-Trainerin Leichtathletik
Christian Balke, Betreuer Leichtathletik
Petra Ritter, Betreuerin Leichtathletik
Constanze Wedell, Betreuerin Leichtathletik
Thomas Kipping, Techniker Leichtathletik
Rüdiger Schmitz, Betreuer Leichtathletik
Ralf Müller, Biomechaniker
Patrick Kromer, Bundestrainer Radsport
Jan Ratzke, Co-Trainer Radsport
Tobias Engelmann, Betreuer Radsport
Hermann Frey, Betreuer/Techniker Radsport
Uwe Reimann, Techniker Radsport
Bernhard Fliegl, Cheftrainer Reiten
Britta Bando, Teammanagerin Reiten
Holger Glinicki, Cheftrainer Rollstuhlbasketball Damen
Chris Giles, Co-Trainer Rollstuhlbasketball Damen
Josef Jaglowski, Co-Trainer Rollstuhlbasketball Damen
Robert Bauch, Teammanager Rollstuhlbasketball Damen
Nicolai Zeltinger, Bundestrainer Rollstuhlbasketball Herren

Ralf Neumann, Co-Trainer Rollstuhlbasketball Herren
Christoph Küffner, Teammanager Rollstuhlbasketball Herren
Alexander Bondar, Trainer Rollstuhlfechten
Christoph Müller, Cheftrainer Rollstuhltennis
Jochen Weber, Cheftrainer Rudern
Marie-Luise Vogel, Co-Trainerin Rudern
Ute Schinkitz, Bundestrainerin Schwimmen
Marion Haas-Faller, Co-Trainerin Schwimmen
Phillip Semechin, Co-Trainer Schwimmen
Maik Zeh, Co-Trainer Schwimmen
Bernhard von Welck, Teammanager Schwimmen
Anke Delow, Psychologin Schwimmen
Bernd Zirkelbach, Cheftrainer Segeln
Christian Bittner, Co-Trainer Segeln
Oliver Freiheit, Co-Trainer Segeln
Rudolf Sonnenbichler, Cheftrainer Sitzvolleyball Herren
Jürgen Vorsatz, Co-Trainer Sitzvolleyball Herren
Christian Heintz, Teammanager Sitzvolleyball Herren
Rudolf Krenn, Cheftrainer Sportschießen
Manfred Gohres, Co-Trainer Sportschießen
Volker Ziegler, Bundestrainer Tischtennis
Michele Comparato, Co-Trainer Tischtennis
Hannes Doesseler, Co-Trainer Tischtennis
Eric Duduc, Co-Trainer Tischtennis
Andreas Escher, Co-Trainer Tischtennis
Tom Kosmehl, Cheftrainer Triathlon

ATHLETEN-UNTERSTÜTZUNG
Sebastian Fricke*, Guide Leichtathletik
Stefan Nimke*, Pilot Radsport
Inga Thöne, Steuerfrau Rudern

PHYSIOTHERAPEUTEN
Andreas Hegmann, Bogenschießen
Anna Heller, Goalball
Michael Hammer, Kanu
Mathias Neubert, Kanu
Birgit Halsband, Leichtathletik
Marko Herold, Leichtathletik
Ulrich Niepoth, Leichtathletik
Nancy Burdach, Radsport
Anna Woywodt, Radsport
Dorothee Terstegge, Reiten
Angelika Jacobi, Rollstuhlbasketball Damen
Bärbel Börgel, Rollstuhlbasketball Herren
Sabrina Ebbing, Rudern
Simone Boltz, Schwimmen
Christina Groll, Segeln
Stephan Henne, Sitzvolleyball Herren
Patric Reuter, Sportschießen
Cornelia Blase, Tischtennis
Angelika Lütkenhorst-Weibring, Tischtennis

MEDIEN
Kevin Müller, Stv. Presseattaché
Nicolas Feißt
Victor Fritzen
Andreas Joneck
Michael Nordhaus, Social Media
Oliver Palme
Sonja Scholten
Katharina Sternal, Social Media
Heike Werner

FOTOGRAFEN
Ulrich Gasper
Oliver Kremer
Ralf Kuckuck
Binh Truong

Stefan Nimke ist der erste Athlet, der bei Olympia und den Paralympics eine Medaille gewinnen konnte. Auch Sebastian Fricke wurde mit einer Medaille ausgezeichnet.

Die 23 Sportarten

PARALYMPICS
2016

1 Boccia

Eine faszinierende Sportart ohne deutsche Beteiligung. Hier zeigt der Portugiese José Macedo, wie sich eine Bocciakugel bewegen lässt.

2 Bogenschießen

Für die Paralympics 2016 qualifizierten sich vier deutsche Starter, die knapp an den Medaillen vorbeischrammten.

3

5er-Fußball

Beim Blindenfußball mit fünf Spielern holte sich Brasilien – hier im Spiel gegen den Iran – die Goldmedaille. Eine deutsche Mannschaft war nicht am Start.

4

7er-Fußball

Sieger beim 7er-Fußball wurde die Ukraine. Auch in dieser Disziplin war keine deutsche Mannschaft in Rio vertreten.

5

Gewichtheben

In zwanzig verschiedenen Klassen wurden Medaillen vergeben. Hier versucht sich der Ungar Nándor Tunkel, der in der Klasse bis 49 Kilo Bronze holte. Deutsche Gewichtheber schafften es nicht nach Rio.

6 Goalball

Das deutsche Männer-team belegte mit der jüngsten Mannschaft des Turniers einen respek-tablen sechsten Platz. Paralympicssieger wurde Litauen, bei den Frauen holte die Türkei die Gold-medaille.

7 Judo

Fünf DBS-Athleten gingen in die Judo-Wettbewerbe. Die Brussig-Zwillinge holten beide Silber, dazu ge-wann Debütant Nikolai Kornhaß Bronze.

8 Kanu

Drei Starter, zwei Medaillen: Das war die Ausbeute beim Kanu-Rennsport.
Edina Müller und Tom Kierey holten jeweils Sil-ber bei der Paralympics-Premiere der Kanuten.

9 Leichtathletik

Die deutschen Leichtathleten waren erfolgreicher als in London und Peking. Die 38 Starter holten 25 Medaillen, davon neun goldene. Faszinierend, wie hier die Kugel über die Finger gleitet.

10 Radsport Bahn

Platz eins für die Niederlande, Platz zwei für Großbritannien und Platz drei für Stefan Nimke (Pilot) und Kai-Kristian Kruse (r.). Es blieb die einzige deutsche Medaille bei den Bahnrennen. Für Nimke war es dafür eine historische: Er ist der erste Deutsche, der neben olympischem auch paralympisches Edelmetall gewann.

11 Radsport Straße

Neben Leichtathletik die deutsche Paradedisziplin: 14 Starter holten 15 Medaillen, davon acht goldene. Was für eine tolle Ausbeute.

12 Reiten

Ganz überraschend holte die Mannschaft die Silbermedaille. Fünf Reiter gingen an den Start, in den Einzelwettbewerben gewann Steffen Zeibig noch einmal Bronze.

13

Rollstuhl-basketball

Lange Gesichter bei den Herren. Sie belegten Platz acht. Die Frauen erreichten das Finale, verloren dann allerdings gegen die USA und holten Silber.

14

Rollstuhl-fechten

Zwei deutsche Teilnehmer waren bei den Fecht-Wettbewerben dabei. Simone Briese-Baetke wurde mit dem Degen Vierte.

15
Rollstuhl-rugby

Da geht es zur Sache: Beim Rollstuhlrugby – ohne deutsche Beteiligung – holte sich Australien das Gold. Japan, hier gegen Frankreich, kam auf den Bronze-Platz.

16
Rollstuhl-tennis

Katharina Krüger vertrat die deutschen Farben im Tennis, belegte Platz neun. Das Finale war eine rein niederländische Angelegenheit.

17
Rudern

Der deutsche Vierer mit Steuerfrau Inga Thöne ging im Mixed-Wettbewerb an den Start und belegte einen richtig guten vierten Platz.

18 Schwimmen

Die Schwimmwettbewerbe brachten für das DBS-Team zwei Silber- und eine Bronzemedaille. 13 deutsche Starter gingen ins Becken.

19 Segeln

Die Kulisse ist beeindruckend. Doch in seinem letzten Rennen fehlte Heiko Kröger das Glück. Er kam auf Platz sechs. Auch das Sonar-Team mit Lasse Klötzing, Jens Kroker und Siegmund Mainka ging leer aus.

20 Sitzvolleyball

Leider reichte es für die deutsche Mannschaft nur zu Platz sechs. Gegen die USA wurde 3:2 gewonnen, gegen Ägypten 2:3, gegen Brasilien 1:3 und im Spiel um Platz fünf gegen die Ukraine 1:3 verloren. Schade für Trainer Rudi Sonnenbichler bei seinem letzten Turnier.

21 Sportschießen

Die deutschen Sportschützen holten durch Natascha Hiltrop eine Silbermedaille. Sechs deutsche Schützen waren in Rio am Start.

22 Tischtennis

Juliane Wolf kam bis ins Halbfinale, landete dann auf Platz vier. Die elf deutschen Starter kehrten mit vier Silbermedaillen zurück. Tischtennis-riese China holt in diesen Wettbewerben 13 Goldmedaillen.

23 Triathlon

Für Martin Schulz ging ein Traum in Erfüllung. Er holte sich Gold – ein historischer Sieg beim ersten Triathlon der Paralympics-Geschichte. Stefan Lösler kam auf Platz acht.

HERRLICHER TREFFPUNKT AM STRAND

Meerblick, direkte Strandlage, großzügige Grünfläche, ruhige Umgebung – der »Barra Blue Beach Point« war das Deutsche Haus Paralympics für die Paralympischen Spiele 2016 in Rio de Janeiro. Neben dem idealen Standort im Stadtteil Barra in unmittelbarer Nähe zu den Sportstätten, Sehenswürdigkeiten und dem paralympischen Dorf war auch die außergewöhnliche Architektur des Beachclubs ausschlaggebend. »Der Barra Blue Beach Point war von Beginn an unsere favorisierte Location. Man könnte sagen, es war Liebe auf den ersten Blick«, erklärt Axel Achten, Geschäftsführer der Deutschen Sport Marketing (DSM), die Entscheidung. Auch der Präsident des Deutschen Behindertensportverbandes (DBS), Friedhelm Julius Beucher, schwärmt: »Das Haus besitzt ein

einzigartiges Ambiente, und auch unsere Athleten, Partner und Gäste waren davon begeistert. Wir blicken auf zahlreiche tolle Erlebnisse zurück.«

Beispielsweise den Heiratsantrag von Kugelstoßer Sebastian Dietz an seine langjährige Freundin Sophie am Tag seines Paralympicssieges, den 30. Geburtstag von Speerwerfer Mathias Mester samt Sprung in den Pool mit dem DBS-Präsidenten, den Besuch der Scorpions, Sambatänze und Livemusik, spannende Themenabende und den großen Jubel bei der Präsentation der deutschen Medaillengewinner – im Deutschen Haus Paralympics gab es jede Menge Emotionen und stimmungsvolle Abende, durch die der mehrfache Paralympicssieger Rainer Schmidt als Moderator mit seinem bekannten Humor führte.

GEBURTSTAGSFEIER. Präsident Beucher springt mit Mathias Mester in den Pool und feiert mit dem Speerwerfer dessen 30. Geburtstag.

TREFFPUNKT. Auch der frühere Werder-Manager Willi Lemke, heute Sonderberater des UN-Generalsekretärs für Sport, stattete dem DBS einen Besuch ab und kam ins Deutsche Haus.

Zum vierten Mal nach Vancouver 2010, London 2012 und Sotschi 2014 nutzten die deutsche Olympiamannschaft und die Deutsche Paralympische Mannschaft ein gemeinsames Domizil. Die DSM als offizielle Vermarktungsagentur des DBS hat den nationalen Paralympics-Treffpunkt gemeinsam mit dem DBS und seinen Wirtschaftspartnern konzipiert und organisiert. Unterstützung bei der Planung und Durchführung des Projekts – immer unter der Maßgabe, den ursprünglichen Charakter des Objekts zu erhalten – gab es von der Messe Düsseldorf und der Architektin Ricarda Kawe (schulteconcept). Auch die fünf nationalen Förderer des DBS – Allianz, Audi, BP, Sparkassen-Finanzgruppe und Deutsche Telekom – leisten einen unschätzbaren Beitrag, ebenso die Co-Förderer:

Bundesvereinigung Deutscher Apothe-
kenverbände (ABDA), Aktion Mensch,
Bayer, Deutsche Bahn, Deutsche Ge-
setzliche Unfallversicherung (DGUV),
kinder+Sport, Deutsche Lufthansa, Messe Düsseldorf sowie Ottobock.

Für die Zeit der Paralympischen Spiele
wurden etwa 1.000 Quadratmeter des
Clubs genutzt, darunter auch die Außen-
anlagen mit zwei Terrassen zur Lagunen-
seite, einem Pool und einer Freifläche in
Richtung Meer – ein Ambiente, in dem
die sportlichen Erfolge der Deutschen
Paralympischen Mannschaft gebührend
gefeiert werden konnten. Nun hat das
Deutsche Haus Paralympics am Strand
von Barra seine Pforten geschlossen –
doch es bleiben großartige Erinnerungen
an viele besondere Momente und unver-
gessliche Abende.

VERLOBUNG. Sebastian Dietz hat sich am Tag
seines Paralympicssieges getraut und seine langjährige Freundin gefragt. Sie hat Ja gesagt.

GRUPPENFOTO AN DER COPACABANA. Die 57-köpfige Gruppe erlebte paradiesische Tage in Rio, besuchte das paralympische Dorf, feuerte das deutsche Team von den Tribünen an.

Frankfurt, 21. September 2016, 5:55 Uhr. Die Maschine aus Rio de Janeiro ist gelandet. Neben Teilen der Mannschaft gehören auch die Mitglieder des Paralympischen Jugendlagers zu den Passagieren. 16 aufregende Tage liegen hinter der 57-köpfigen Gruppe. In den Gesichtern erkennt man neben der Müdigkeit die Freude und das aus Rio mitgebrachte Feuer.

Dank der maßgeblichen finanziellen Förderung durch die Aktion Mensch sowie vieler weiterer ideeller und finanzieller Unterstützer ist der Traum von 37 Jugendlichen mit und ohne Behinderung Wirklichkeit geworden: die Paralympics 2016 in Rio de Janeiro vor Ort mitzuerleben. Erstmals in der Geschichte des Nationalen Paralympischen Jugendlagers gab es Kooperationen mit Landesverbänden des DBS, sodass acht Jugendliche des Landesverbandes Württemberg sowie vier Jugendliche des Landesverbandes Bayern an dem gemeinsamen Jugendlager teilnahmen.

Die Gruppe wurde von einer dreiköpfigen Delegationsleitung mit dem Vorsitzenden der Behindertensportjugend Lars Pickardt an der Spitze, 14 Betreuerinnen und Betreuern, einer halbbrasilianischen Übersetzerin sowie dem Nachwuchsreporterteam der Telekom und den »RioMaNiacs« von der Aktion Mensch begleitet.

Auf ihrer Rückreise haben die Teilnehmerinnen und Teilnehmer wertvolle interkulturelle Erfahrungen und emotionale Erinnerungen im Gepäck und wissen, dass die Leidenschaft für ihren Sport und die Freude an ihrem ehrenamtlichen Engagement sie noch lange, sehr lange weitertragen wird. Der Besuch der Paralympics in Rio ermöglichte den Jugendlichen, ihre Vorbilder hautnah zu erleben, sie anzufeuern und mit ihnen Sieg oder auch Niederlage zu teilen. Und die Deutsche Paralympische Mannschaft war begeistert von der unüberhörbaren Unterstützung der Jugendlichen

JUGENDLAGER:
16 TAGE
VOLLER EINDRÜCKE

des Jugendlagers auf den Tribünen und stand gerne für persönliche Gespräche oder gemeinsame Fotos zur Verfügung. Der Besuch im paralympischen Dorf war ebenfalls ein ganz besonderes Erlebnis – schließlich ist es durchaus der Traum einiger junger Sportlerinnen und Sportler, im Jahr 2020 in Tokio selbst einmal eine solche Unterkunft beziehen zu können.

Das Erlebnis Paralympics bewirkte jedoch bei den Teilnehmenden noch viel mehr als einen neuen Motivationsschub für ihre Leidenschaft und für die Fokussierung auf ihr Ziel, einmal selbst bei den Paralympics starten zu können: Sie konnten sich ein persönliches Bild von

der Stadt Rio de Janeiro sowie den Brasilianerinnen und Brasilianern machen, setzten kreative Methoden zur Kommunikation mit anderen Besucherinnen und Besuchern ein, um möglichst viele verschiedene Pins und Andenken mit nach Deutschland zu nehmen, und lernten bei der Nutzung der öffentlichen Verkehrsmittel ein gewisses Maß an Verantwortung für sich und die anderen Gruppenmitglieder. Vielleicht half der Blick in die Werkstatt von Otto Bock sogar dabei, den Berufswunsch näher zu definieren.

Spannend waren auch die Begegnungen mit brasilianischen Kindern und Jugendlichen. Im »Institute Bola Pra Frente«, einem Fußballinstitut, das von dem be-

kannten brasilianischen Fußballer Jorginho gegründet wurde, trafen die Teilnehmenden dank einer Kooperation mit der Deutschen Gesellschaft für Internationale Zusammenarbeit, einem Institut der Bundesregierung, auf brasilianische Gleichaltrige, mit denen sie sich über ihren Sport und das Miteinander von Menschen mit und ohne Behinderung in beiden Ländern austauschten. Darüber hinaus waren sie beim Fußball und Sitzvolleyball sportlich aktiv und stellten sich gemeinsam Geschicklichkeitsaufgaben – entwickelt von der Kampagne »RIO BEWEGT.UNS.«. Ein besonderes Highlight war das Kennenlernen und praktische Ausprobieren der brasiliani-

BEGEGNUNG. Fast wie Paraolympioniken durften sich die Teilnehmer des Jugendlagers fühlen – auch durch die intensiven Gespräche mit ihren Vorbildern wie die Paralympics-Teilnehmer Mathias Mester und Heinrich Popow.

schen Kampfkunst Capoeira. Auch beim Besuch des Sozialzentrums Centenario in Nova Friburgo wurde deutlich, dass Bewegung, Spiel und Sport die Menschen verbindet und gemeinsam Freude bereitet – unabhängig von Herkunft und Sprache. Den Jugendlichen wurde aufgezeigt, wie unterschiedlich Kinder in den verschiedensten Ländern aufwachsen. So wurde es zu einer Herausforderung, die Neugierde einiger kleiner brasilianischer Kinder in Bezug auf die Rollstühle zu befriedigen, die diese zum ersten Mal in ihrem Leben sahen, und ihrem Wunsch nach einer »Mitfahrgelegenheit« nachzukommen. Umgekehrt lernten die deutschen Jugendlichen die Lebensumstände vor Ort, die regionalen Spezialitäten, die brasilianische Gastfreundschaft und den deutlich gelasseneren Umgang mit neuen Herausforderungen kennen.

Weitere Möglichkeiten zum Austausch über die Ereignisse in Rio boten sich mit der mehrfachen Paralympics-Siegerin und heutigen Beauftragten der Bundesregierung für die Belange von Menschen mit Behinderung, Verena Bentele, mit Mitgliedern des Sportausschusses des Bundestages sowie mit den Jugendlichen des österreichischen Jugendlagers.

Und auch der Besuch des Deutschen Hauses im Rahmen des Pre-Openings oder des Nachwuchsabends bot weiteren Raum zum Austausch mit vielen Teilen der deutschen Mannschaft.

Die vielen Erlebnisse werden die Teilnehmenden des Paralympischen Jugendlagers ihr Leben lang begleiten. Nachdem vor der großen Reise an den Zuckerhut gesungen wurde »Es geht nach Rio, Rio de Janeiro...!«, bleibt nun die Hoffnung, viele von ihnen noch lange auf nationaler Sportebene verfolgen sowie begleiten zu können und auch erneut auf internationaler Ebene wiederzusehen – und sie vielleicht »Tokio, wir kommen!« rufen zu hören, ob als ehrenamtlich Engagierte oder sogar als Aktive bei den Paralympics.

SPASS MIT BALLON. Im Sozialzentrum Centenario Nova Friburgo werden die Teilnehmenden beim Ballontanz selber sportlich aktiv.

"Klar haben wir schon mal einen Korb bekommen. Aber noch lieber verteilen wir welche."

Deutsche Rollstuhlbasketballmannschaft | Paralympicssiegerinnen London 2012

Die teilnehmenden Nationen

LAND	Kürzel	LAND	Kürzel	LAND	Kürzel
Afghanistan	AFG	Irland	IRL	Osttimor	TLS
Ägypten	EGY	Island	ISL	Pakistan	PAK
Albanien	ALB	Israel	ISR	Palästina	PLE
Algerien	ALG	Italien	ITA	Panama	PAN
Amerikanische Jungferninseln	ISV	Jamaika	JAM	Papua-Neuguinea	PNG
Angola	ANG	Japan	JPN	Peru	PER
Argentinien	ARG	Jordanien	JOR	Philippinen	PHI
Armenien	ARM	Kambodscha	CAM	Polen	POL
Aruba	ARU	Kamerun	CMR	Portugal	POR
Aserbaidschan	AZE	Kanada	CAN	Puerto Rico	PUR
Äthiopien	ETH	Kap Verde	CPV	Ruanda	RWA
Australien	AUS	Kasachstan	KAZ	Rumänien	ROM
Bahrain	BRN	Katar	QAT	Samoa	SAM
Belgien	BEL	Kenia	KEN	São Tomé und Príncipe	STP
Benin	BEN	Kirgisistan	KGZ	Saudi-Arabien	KSA
Bermuda	BER	Kolumbien	COL	Schweden	SWE
Bosnien und Herzegowina	BIH	Kongo, Republik	CGO	Schweiz	SUI
Botswana	BOT	Korea, Demokratische Volksrepublik	COD	Senegal	SEN
Brasilien	BRA	Korea, Republik	KOR	Serbien	SRB
Bulgarien	BUL	Kosovo	KOS	Seychellen	SEY
Burkina Faso	BUR	Kroatien	CRO	Sierra Leone	SLE
Burundi	BDI	Kuba	CUB	Simbabwe	ZIM
Chile	CHI	Kuwait	KUW	Singapur	SIN
China (Taiwan), Republik	TPE	Laos	LAO	Slowakei	SVK
China	CHN	Lesotho	LES	Slowenien	SLO
Costa Rica	CRC	Lettland	LAT	Spanien	ESP
Dänemark	DEN	Libyen	LBA	Sri Lanka	SRI
Deutschland	GER	Litauen	LTU	Südafrika	RSA
Dominikanische Republik	DOM	Macau	MAC	Südsudan	SSD
Dschibuti	DJI	Madagaskar	MAD	Suriname	SUR
Ecuador	ECU	Malawi	MAW	Syrien	SYR
Elfenbeinküste	CIV	Malaysia	MAS	Tadschikistan	TJK
El Salvador	ESA	Mali	MLI	Tansania	TAN
Estland	EST	Malta	MLT	Thailand	THA
Färöer	FRO	Marokko	MAR	Tonga	TGA
Fidschi	FIJ	Mauritius	MRI	Trinidad und Tobago	TRI
Finnland	FIn	Mazedonien	MKD	Tschechien	CZE
Frankreich	FRA	Mexiko	MEX	Tunesien	TUN
Gabun	GAB	Moldawien	MDA	Türkei	TUR
Gambia	GAM	Mongolei	MGL	Turkmenistan	TKM
Georgien	GEO	Montenegro	MGO	Uganda	UGA
Ghana	GHA	Mosambik	MOZ	Ukraine	UKR
Griechenland	GRE	Myanmar	MYA	Unabhängige Paralympicsteilnehmer	IOP
Großbritannien	GBR	Namibia	NAM	Ungarn	HUN
Guatemala	GUA	Nepal	NEP	Uruguay	URU
Guinea-Bissau	GBS	Neuseeland	NZL	USA	USA
Haiti	HAI	Nicaragua	NCA	Usbekistan	UZB
Honduras	HON	Niederlande	NED	Venezuela	VEN
Hongkong	HGK	Niger	NIG	Vereinigte Arabische Emirate	UAE
Indien	IND	Nigeria	NGR	Vietnam	VIE
Indonesien	INA	Norwegen	NOR	Weißrussland	BLR
Irak	IRQ	Oman	OMA	Zypern	CYP
Iran	IRI	Österreich	AUT		

PARALYMPICS
2016

DIE ERGEBNISSE

Boccia

Einzel, BC1 — *MIXED*
1. David Smith | GBR
2. Daniel Perez | NED
3. Won Jeong Yoo | KOR

Einzel, BC2 — *MIXED*
1. Watcharaphon Vongsa | THA
2. Worawut Saengampa | THA
3. Zhiqiang Yan | CHN

Einzel, BC3 — *MIXED*
1. Ho Won Jeong | KOR
2. Grigorios Polychronidis | GRE
3. Jose Carlos Macedo | POR

Einzel, BC4 — *MIXED*
1. Yuk Wing Leung | HKG
2. Samuel Andrejcik | SVK
3. Pornchok Larpyen | THA

Doppel, BC3 — *MIXED*
1. Brasilien | BRA
2. Südkorea | KOR
3. Griechenland | GRE

Doppel, BC4 — *MIXED*
1. Slowakei | SVK
2. Brasilien | BRA
3. Thailand | THA

Mannschaft, BC1–2 — *MIXED*
1. Thailand | THA
2. Japan | JPN
3. Portugal | POR

Bogenschießen

Einzel Compoundbogen, offene Klasse
1. Jiamin Zhou | CHN — *FRAUEN*
2. Yueshan Lin | CHN
3. Mi Soon Kim | KOR
16. Lucia Kupczyk | GER

Einzel Recurve-/Compoundbogen, W1
1. Jessica Stretton | GBR — *FRAUEN*
2. Jo Frith | GBR
3. Vicky Jenkins | GBR

Einzel Recurvebogen, offen — *FRAUEN*
1. Zahra Nemati | IRI
2. Chunyan Wu | CHN
3. Milena Olszewska | POL
18. Jennifer Heß | GER

Einzel Compoundbogen, offene Klasse
1. Andre Shelby | USA — *MÄNNER*
2. Alberto Simonelli | ITA
3. Jonathon Milne | AUS

---

*	PR	Paralympischer Rekord
	WJBL	Weltjahresbestleistung
	WR	Weltrekord
	ER	Europarekord
	DR	Deutscher Rekord

Einzel Recurvebogen, offen — *MÄNNER*
1. Gholamreza Rahimi | IRI
2. Hanreuchai Netsiri | THA
3. Ebrahim Ranjbarkivaj | IRI
5. Maik Szarszewski | GER

Einzel Recurve-/Compoundbogen, W1
1. John Walker | GBR — *MÄNNER*
2. David Drahoninsky | CZE
3. Peter Kinik | SVK
4. Uwe Herter | GER

Mannschaft Compoundbogen, offen — *MIXED*
1. China
2. Großbritannien
3. Südkorea

Mannschaft Recurve-/Compoundbogen, W1
1. Großbritannien — *MIXED*
2. Südkorea
3. Tschechien

Mannschaft Recurvebogen, offen — *MIXED*
1. China
2. Iran
3. Italien
9. Deutschland

5er-Fußball

MÄNNER
1. Brasilien
2. Iran
3. Argentinien
9. Deutschland [Jennifer Heß, Maik Szarszewski]

7er-Fußball

MÄNNER
1. Ukraine
2. Iran
3. Brasilien

Gewichtheben

bis 41 kg — *FRAUEN*
1. Nazmiye Muratli | TUR | 104 kg (PR, WR)
2. Zhe Cui | CHN | 102 kg
3. Ni Nengah Widiasih | INA | 95 kg

bis 45 kg — *FRAUEN*
1. Dandan Hu | CHN | 107 kg (PR, WR)
2. Latifat Tijani | NGR | 106 kg
3. Zoe Newson | GBR | 102 kg

bis 48 kg — *FRAUEN*
1. Lidija Solowiowa | UKR | 107 kg (PR)
2. Rehab Ahmed | EGY | 104 kg
3. Thi Linh Phuong Dang | VIE | 102 kg

bis 55 kg — *FRAUEN*
1. Amalia Perez | MEX | 130 kg (PR, WR)
2. Esther Oyema | NGR | 127 kg
3. Cuijuan Xiao | CHN | 115 kg

bis 61 kg — *FRAUEN*
1. Lucy Ejike | NGR | 142 kg (PR, WR)
2. Fatma Omar | EGY | 140 kg
3. Yan Yang | CHN | 128 kg

bis 67 kg — *FRAUEN*
1. Yujiao Tan | CHN | 135 kg
2. Rauschan Koischibajewa | KAZ | 113 kg
3. Amal Mahmoud | EGY | 108 kg

bis 73 kg — *FRAUEN*
1. Ndidi Nwosu | NGR | 140 kg
2. Souhad Ghazouani | FRA | 140 kg (PR)
3. Amany Ali | EGY | 127 kg

bis 79 kg — *FRAUEN*
1. Bose Omolayo | NGR | 138 kg (PR, WR)
2. Lili Xu | CHN | 135 kg
3. Tzu-Hui Lin | TPE | 131 kg

bis 86 kg — *FRAUEN*
1. Randa Mahmoud | EGY | 130 kg (PR)
2. Tharwah Alhajaj | JOR | 119 kg
3. Catalina Diaz Vilchis | MEX | 117 kg

+ 86 kg — *FRAUEN*
1. Josephine Orji | NGR | 154 kg (PR, WR)
2. Marzena Zieba | POL | 134 kg
3. Melaica Tuinfort | NED | 130 kg

bis 49 kg — *MÄNNER*
1. Van Cong Le | VIE | 181 kg (PR, WR)
2. Omar Qarada | JOR | 177 kg
3. Nandor Tunkel | HUN | 155 kg

bis 54 kg — *MÄNNER*
1. Roland Ezuruike | NGR | 200 kg (PR)
2. Jian Wang | CHN | 170 kg
3. Dimitrios Bakochristos | GRE | 162 kg

bis 59 kg — *MÄNNER*
1. Sherif Osman | EGY | 203 kg (PR, WR)
2. Ali Jawad | GBR | 190 kg
3. Quanxi Yang | CHN | 176 kg

bis 65 kg — *MÄNNER*
1. Paul Kehinde | MEX | 218 kg (PR, WR)
2. Peng Hu | CHN | 200 kg
3. Shaaban Ibrahim | EGY | 193 kg

bis 72 kg — *MÄNNER*
1. Lei Liu | CHN | 221 kg
2. Rasool Mohsin | IRQ | 220 kg
3. Nnamdi Innocent | NGR | 210 kg

bis 80 kg — *MÄNNER*
1. Majid Farzin | IRI | 240 kg (PR, WR)
2. Xiaofei Gu | CHN | 228 kg
3. Akhror Bozorov | UZB | 207 kg

bis 88 kg — *MÄNNER*
1. Mohammed Khalaf | UAE | 220 kg
2. Evanio da Silva | BRA | 210 kg
3. Sondompiljee Enkhbayar | MGL | 210 kg

bis 97 kg — *MÄNNER*
1. Mohamed Eldib | EGY | 237 kg (PR)
2. Dong Qi | CHN | 233 kg
3. Jose de Jesus Castillo Castillo | MEX | 229 kg

bis 107 kg — *MÄNNER*
1. Pavlos Mamalos | GRE | 238 kg (PR)
2. Mohamed Ahmed | EGY | 233 kg
3. Ali Sadeghzadehsalmani | IRI | 226 kg

+ 107 kg *MÄNNER*
1. Siamand Rahman | IRI | 305 kg (PR, WR)
2. Amr Mosaad | EGY | 235 kg
3. Jamil Elshebli | JOR | 234 kg

Goalball

Goalball *FRAUEN*
1. Türkei
2. China
3. USA

Goalball *MÄNNER*
1. Litauen
2. USA
3. Brasilien
6. Deutschland [Michael Feistle, Christian Friebel, Stefan Hawranke, Oliver Hörauf, Thomas Steiger, Reno Tiede]

Judo

bis 48 kg *FRAUEN*
1. Liqing Li | CHN
2. Carmen Brussig | GER
3. Ecem Tasin | TUR
3. Julija Halinska | UKR

bis 52 kg *FRAUEN*
1. Sandrine Martinet | FRA
2. Ramona Brussig | GER
3. Cherine Abdellaoui | ALG
3. Sevinch Salaeva | UZB

bis 57 kg *FRAUEN*
1. Inna Cherniak | UKR
2. Luicia da Silva Texeira Araujo | BRA
3. Junko Hirose | JAP
3. Hanna Seo | KOR

bis 63 kg *FRAUEN*
1. Dalidaivis Rodriguez | CUB
2. Iriyna Husieva | UKR
3. Songlee Jin | KOR
3. Tursunpashsha Nurmetova | UZB

bis 70 kg *FRAUEN*
1. Lenia Ruvalcaba Alvarez | CUB
2. Alana Martins Maldonado | BRA
3. Naomi Soazo | VEN
3. Gulruh Rahimova | UZB

+ 70 kg *FRAUEN*
1. Janping Yuan | CHN
2. Khayiton Alimova | UZB
3. Christella Garcia | USA
3. Mesme Tasbag | TUR

bis 60 kg *MÄNNER*
1. Sherzod Namozov | UZB
2. Makoto Hirose | JPN
3. Uugankhuu Bolormaa | MGL
3. Alex Bologa | ROU

bis 66 kg *MÄNNER*
1. Utkirjon Nigmatov | UZB
2. Bayram Mustafayev | AZE
3. Satoshi Fujimoto | JPN
3. David Chorawa | UKR

bis 73 kg *MÄNNER*
1. Ramil Gasimov | AZE
2. Dmytro Solovey | UKR
3. Feruz Sayidov | UZB
3. Nikolai Kornhaß | GER

bis 81 kg *MÄNNER*
1. Eduardo Adrian Avila Sanchez | MEX
2. Jungmin Lee | KOR
3. Rovshan Savarov | AZE
3. Oleksandr Kosinov | UKR
9. Sebastian Junk | GER

bis 90 kg *MÄNNER*
1. Zviad Gogotchuri | GEO
2. Oleksandr Nazarenko | UKR
3. Dartanyan Crockett | USA
3. Shukhart Boboev | UZB

bis 100 kg *MÄNNER*
1. Gwanggeun Choi | KOR
2. Antonio Tenorio | BRA
3. Sastre Fernandez | CUB
3. Shirin Sharipov | UZB
9. Oliver Upmann | GER

+ 100 kg *MÄNNER*
1. Adiljan Tuledibaev | UZB
2. Wilians Silva de Araujo | BRA
3. Kento Masaki | JAP
3. Yangaliny Jimenez | CUB

Kanu

Kajak, KL1, 200 m *FRAUEN*
1. Jeanette Chippington | GBR | 58,76 sek
2. Edina Müller | GER | 58,87 sek
3. Kamila Kubas | POL | 1:00,23 sek

Kajak, KL2, 200 m *FRAUEN*
1. Emma Wiggs | GBR | 53,29 sek
2. Natalija Lagutenko | UKR | 55,60 sek
3. Susan Seipel | AUS | 56,80 sek

Kajak, KL3, 200 m *FRAUEN*
1. Anne Dickins | GBR | 51,35 sek
2. Amanda Reynolds | AUS | 51,38 sek
3. Cindy Moreau | FRA | 52,10 sek

Kajak, KL1, 200 m *MÄNNER*
1. Jakub Tokarz | POL | 51,08 sek
2. Robert Suba | HUN | 51,13 sek
3. Ian Marsden | GBR | 51,22 sek

Kajak, KL2, 200 m *MÄNNER*
1. Curtis McGrath | AUS | 42,19 sek
2. Markus Swoboda | AUT | 43,73 sek
3. Nick Beighton | GBR | 44,94 sek
8. Ivo Kilian | GER | 48,62 sek

Kajak, KL3, 200 m *MÄNNER*
1. Sergej Jemelianow | UKR | 39,81 sek
2. Tom Kierey | GER | 39,91 sek
3. Caio Ribeiro de Carvalho | BRA | 40,20 sek

Leichtathletik

Sprint, 100 m, T11 *FRAUEN*
1. Libby Clegg | GBR | 11,96 sek
2. Guohua Zhou | CHN | 11,98 sek
3. Cuiqing Liu | CHN | 12,07 sek

Sprint, 100 m, T12 *FRAUEN*
1. Omara Durand | CUB | 11,40 sek (PR, WJBL, WR)
2. Elena Chebanu | AZE | 11,71 sek
3. Katrin Müller-Rottgardt | GER | 11,99 sek

Sprint, 100 m, T13 *FRAUEN*
1. Leilia Adschametowa | UKR | 11,79 sek (PR, WR)
2. Ilse Hayes | RSA | 11,91 sek
3. Kym Crosby | USA | 12,24 sek

Sprint, 100 m, T34, sitzend *FRAUEN*
1. Hannah Cockroft | GBR | 17,42 sek (PR)
2. Kare Adenegan | GBR | 18,29 sek
3. Alexa Halko | USA | 18,81 sek

Sprint, 100 m, T35 *FRAUEN*
1. Xia Zhou | CHN | 13,66 sek (PR)
2. Isis Holt | AUS | 13,75 sek
3. Maria Lyle | GBR | 14,41 sek
6. Uta Streckert | GER | 17,66 sek

Sprint, 100 m, T36 *FRAUEN*
1. Yanina Andrea Martinez | ARG | 14,46 sek
2. Claudia Nicoleitzik | GER | 14,64 sek
3. Martha Liliana Hernandez Florian | COL | 14,71 sek

Sprint, 100 m, T37 *FRAUEN*
1. Georgina Hermitage | GBR | 13,13 sek (ER, PR, WR)
2. Mandy François-Elie | FRA | 13,45 sek
3. Yescarly Medina | VEN | 13,85 sek
6. Maria Seifert | GER | 14,13 sek

Sprint, 100 m, T38 *FRAUEN*
1. Sophie Hahn | GBR | 12,62 sek
2. Veronica Hipolito | BRA | 12,88 sek
3. Kadeena Cox | GBR | 13,01 sek
5. Lindy Ave | GER | 13,20 sek

Sprint, 100 m, T42 *FRAUEN*
1. Martina Caironi | ITA | 14,97 sek
2. Vanessa Low | GER | 15,17 sek
3. Monica Graziana Contrafatto | ITA | 16,30 sek
6. Jana Schmidt | GER | 16,84 sek

Sprint, 100 m, T44 *FRAUEN*
1. Marlou van Rhijn | NED | 13,02 sek (PR)
2. Irmgard Bensusan | GER | 13,04 sek
3. Nyoshia Cain | TRI | 13,10 sek

Sprint, 100 m, T47 *FRAUEN*
1. Deja Young | USA | 12,15 sek
2. Alicja Fiodorow | POL | 12,46 sek
3. Teresinha de Jesus Correia Santos | BRA | 12,84 sek

Sprint, 100 m, T52, sitzend *FRAUEN*
1. Michelle Stilwell | CAN | 19,42 sek (PR)
2. Kerry Morgan | USA | 19,96 sek
3. Marieke Vervoort | BEL | 20,12 sek

DIE ERGEBNISSE

Sprint, 100 m, T53, sitzend *FRAUEN*
1. Lisha Huang | CHN | 16,28 sek
2. Hongzhuan Zhou | CHN | 16,51 sek
3. Angela Ballard | AUS | 16,59 sek

Sprint, 100 m, T54 *FRAUEN*
1. Wenjun Liu | CHN | 16,00 sek
2. Tatyana McFadden | USA | 16,13 sek
3. Yingjie Li | CHN | 16,22 sek

Sprint, 200 m, T11 *FRAUEN*
1. Libby Clegg | GBR | 24,51 sek (PR)
2. Cuiqing Liu | CHN | 24,85 sek
3. Guohua Zhou | CHN | 24,99 sek

Sprint, 200 m, T12 *FRAUEN*
1. Omara Durand | CUB | 23,05 sek (PR)
2. Oxana Boturtschuk | UKR | 23,65 sek
3. Elena Chebanu | AZE | 23,80 sek
4. Katrin Müller-Rottgardt | GER | 24,71 sek

Sprint, 200 m, T35 *FRAUEN*
1. Xia Zhou | CHN | 28,22 sek (PR,WR)
2. Isis Holt | AUS | 28,79 sek
3. Maria Lyle | GBR | 29,35 sek
7. Uta Streckert | GER | 37,51 sek

Sprint, 200 m, T36 *FRAUEN*
1. Yiting Shi | CHN | 28,74 sek
2. Min Jae Jeon | KOR | 31,06 sek
3. Claudia Nicoleitzik | GER | 31,13 sek

Sprint, 200 m, T44 *FRAUEN*
1. Marlou van Rhijn | NED | 26,16 sek (PR)
2. Irmgard Bensusan | GER | 26,90 sek
3. Marie-Amélie Le Fur | FRA | 27,11 sek

Sprint, 200 m, T47 *FRAUEN*
1. Deja Young | USA | 25,46 sek
2. Alicja Fiodorow | POL | 25,61 sek
3. Lu Li | CHN | 26,26 sek

Sprint, 400 m, T11 *FRAUEN*
1. Cuiqing Liu | CHN | 56,71 sek
2. Sol Rojas | VEN | 57,64 sek
3. Terezinha Guilhermina | BRA | 57,97 sek

Sprint, 400 m, T12 *FRAUEN*
1. Omara Durand | CUB | 51,77 sek (PR,WR)
2. Oxana Boturtschuk | UKR | 53,14 sek
3. Edmilsa Governo | MOZ | 53,89 sek

Sprint, 400 m, T13 *FRAUEN*
1. Nantenin Keita | FRA | 55,78 sek
2. Ilse Hayes | RSA | 56,49 sek
3. Leilia Adschametowa | UKR | 56,60 sek

Sprint, 400 m, T20 *FRAUEN*
1. Breanna Clark | USA | 57,79 sek
2. Natalia Ijeslowezka | UKR | 58,48 sek
3. Barbara Niewiedzial | POL | 58,51 sek

Sprint, 400 m, T34 *FRAUEN*
1. Hannah Cockroft | GBR | 58,78 sek
2. Alexa Halko | USA | 1:00,79 min
3. Kare Adenegan | GBR | 1:01,67 min

Sprint, 400 m, T37 *FRAUEN*
1. Georgina Hermitage | GBR | 1:00,53 min (WR)
2. Xiaoyan Wen | CHN | 1:03,28 min
3. Neda Bahi | TUN | 1:03,71 min

Sprint, 400 m, T38 *FRAUEN*
1. Kadeena Cox | GBR | 1:00,71 min (WR)
2. Junfei Chen | CHN | 1:01,34 min
3. Veronica Hipolito | BRA | 1:03,14 min

Sprint, 400 m, T44 *FRAUEN*
1. Marie-Amélie Le Fur | FRA | 59,27 sek (WR)
2. Irmgard Bensusan | GER | 59,62 sek
3. Grace Norman | USA | 1:01,83 min

Sprint, 400 m, T47 *FRAUEN*
1. Lu Li | CHN | 58,09 sek
2. Anrune Liebenberg | RSA | 58,88 sek
3. Sae Tsuji | JPN | 1:00,62 min

Sprint, 400 m, T52 *FRAUEN*
1. Michelle Stilwell | CAN | 1:05,43 min (PR)
2. Marieke Vervoort | BEL | 1:07,62 min
3. Kerry Morgan | USA | 1:08,31 min

Sprint, 400 m, T53 *FRAUEN*
1. Hongzhuan Zhou | CHN | 54,43 sek (WR)
2. Chelsea McClammer | USA | 55,13 sek
3. Angela Ballard | AUS | 55,28 sek

Sprint, 400 m, T54 *FRAUEN*
1. Tatyana McFadden | USA | 53,30 sek
2. Cheri Madsen | USA | 54,50 sek
3. Lihong Zou | CHN | 54,70 sek

Mittelstrecke, 800 m, T36 *FRAUEN*
1. Hannah Cockroft | GBR | 2:00,62 min
2. Alexa Halko | USA | 2:02,08 min
3. Kare Adenegan | GBR | 2:02,47 min

Mittelstrecke, 800 m, T53 *FRAUEN*
1. Hongzhuan Zhou | CHN | 1:47,45 min (PR, WR)
2. Madison de Rozario | AUS | 1:47,64 min
3. Shirley Reilly | USA | 1:47,77 min

Mittelstrecke, 800 m, T54 *FRAUEN*
1. Tatyana McFadden | USA | 1:44,73 min (PR)
2. Wenjun Liu | CHN | 1:45,02 min
3. Yingjie Li | CHN | 1:45,23 min

Mittelstrecke, 1.500 m, T11 *FRAUEN*
1. Jin Zheng | CHN | 4:38,92 min (PR, WR)
2. Nancy Chelangat Koech | KEN | 4:42,12 min
3. Maritza Arango Buitrago | COL | 4:45,33 min

Mittelstrecke, 1.500 m, T13 *FRAUEN*
1. Somaya Bousaid | TUN | 4:21,45 min
2. Najah Chouaya | TUN | 4:30,52 min
3. Izaskun Oses Ayucar | ESP | 4:39,99 min

Mittelstrecke, 1.500 m, T20 *FRAUEN*
1. Barbara Niewiedzial | POL | 4:24,37 min (PR)
2. Bernadett Biacsi | HUN | 4:27,88 min
2. Ilona Biacsi | HUN | 4:27,88 min

Mittelstrecke, 1.500 m, T54 *FRAUEN*
1. Tatyana McFadden | USA | 3:22,50 min
2. Amanda McGrory | USA | 3:22,61 min
3. Chelsea McClammer | USA | 3:22,67 min

Staffel, 4 x 100 m, T11 – T13 *FRAUEN*
1. China | 47,18 sek (PR,WR)
2. Brasilien | 47,57 sek
3. Kolumbien | 51,93 sek

Staffel, 4 x 100 m, T35 – T38 *FRAUEN*
1. Großbritannien | 50,81 sek (WR)
2. England | 51,07 sek
3. Australien | 55,09 sek
4. Deutschland | 56,04 sek [Lindy Ave, Claudia Nicoleitzik, Nicole Nicoleitzik, Maria Seifert]

Staffel, 4 x 400 m, T53/T54 *FRAUEN*
1. China | 3:32,11 min (WR)
2. Australien | 3:46,63 min

Langstrecke, 5.000 m, T54 *FRAUEN*
1. Tatyana McFadden | USA | 11:54,07 min
2. Chelsea McClammer | USA | 11:54,33 min
3. Amanda McGrory | USA | 11:54,34 min

Langstrecke, Marathon, T12 *FRAUEN*
1. Elena Congost | ESP | 3:08:10 h
2. Misato Michishita | JPN | 3:14:40 h
3. Edneusa de Jesus Santos Dorta | BRA | 3:24:20 h

Langstrecke, Marathon, T54 *FRAUEN*
1. Lihong Zou | CHN | 1:38:44 h (PR)
2. Tatyana McFadden | USA | 1:38:44 h (PR)
3. Amanda McGrory | USA | 1:38:45 h

Weitsprung, F11 *FRAUEN*
1. Silvana Costa de Oliveira | BRA | 4,98 m
2. Fatimata Brigitte Diasso | CIV | 4,89 m
3. Lorena Salvatini Spoladore | BRA | 4,71 m

Weitsprung, F12 *FRAUEN*
1. Oxana Zubkowska | UKR | 6,11 m
2. Elena Chebanu | AZE | 5,56 m
3. Lynda Hamri | ALG | 5,53 m
6. Katrin Müller-Rottgardt | GER | 5,16 m

Weitsprung, F20 *FRAUEN*
1. Mikela Ristoski | CRO | 5,79 m
2. Karolina Kucharczyk | POL | 5,55 m
3. Siti Noor Radiah Ismail | MAS | 5,20 m

Weitsprung, F37 *FRAUEN*
1. Xiaoyan Wen | CHN | 5,14 m (WR)
2. Franziska Liebhardt | GER | 4,42 m
3. Jodi-Elkington Jones | AUS | 4,30 m
4. Maike Hausberger | GER | 4,06 m

Weitsprung, F38 *FRAUEN*
1. Junfei Chen | CHN | 4,77 m
2. Taylor Doyle | AUS | 4,62 m
3. Anna Trener-Wierciak | POL | 4,53 m
6. Lindy Ave | GER | 4,47 m
10. Nicole Nicoleitzik | GER | 4,05 m
13. Vanessa Braun | GER | 3,98 m

Weitsprung, F42 *FRAUEN*
1. Vanessa Low | GER | 4,93 m (DR, ER, PR, WR)
2. Martina Caironi | ITA | 4,66 m
3. Malu Perez Iser | CUB | 3,92 m
7. Jana Schmidt | GER | 3,53 m

Weitsprung, F44 *FRAUEN*
1. Marie-Amélie Le Fur | FRA | 5,83 m (PR, WJBL, WR)
2. Stef Reid | GBR | 5,64 m
3. Marlene van Gansewinkel | NED | 5,57 m

Weitsprung, F47 _FRAUEN_
1. Anna Grimaldi | NZL | 5,62 m
2. Yunidis Castillo | CUB | 5,59 m
3. Carlee Beattie | AUS | 5,57 m

Diskuswurf, F11 _FRAUEN_
1. Liangmin Zhang | CHN | 36,65 m
2. Hongxia Tang | CHN | 35,01 m
3. Izabela Campos | BRA | 32,60 m

Diskuswurf, F38 _FRAUEN_
1. Na Mi | CHN | 37,60 m (PR, WR)
2. Shirlene Coelho | BRA | 33,91 m
3. Noelle Lenihan | IRL | 31,71 m

Diskuswurf, F41 _FRAUEN_
1. Raoua Tlili | TUN | 33,38 m (WR)
2. Niamh McCarthy | IRL | 26,67 m
3. Fathia Amaimia | TUN | 26,16 m

Diskuswurf, F44 _FRAUEN_
1. Juan Yao | CHN | 44,53 m (PR, WR)
2. Yue Yang | CHN | 43,47 m
3. Noraivis de la Heras Chibas | CUB | 32,47 m
4. Frederike Charlotte Koleiski | GER | 30,34 m

Diskuswurf, F52 _FRAUEN_
1. Rachael Morrison | USA | 13,09 m (PR, WR)
2. Cassie Mitchell | USA | 12,87 m
3. Soia Owsij | UKR | 12,17 m

Diskuswurf, F55 _FRAUEN_
1. Feixia Dong | CHN | 25,03 m
2. Marianne Buggenhagen | GER | 24,56 m
3. Diana Dadzite | LAT | 22,66 m

Diskuswurf, F57 _FRAUEN_
1. Nassima Saifi | ALG | 33,33 m
2. Orla Barry | IRL | 30,06 m
3. Eucharia Iyiazi | NGR | 27,54 m
9. Martina Willing | GER | 21,05 m

Kugelstoßen, F12 _FRAUEN_
1. Assunta Legnante | ITA | 15,74 m (WR)
2. Safiya Burkhanova | UZB | 15,05 m
3. Rebeca Valenzuela Alvarez | MEX | 13,05 m

Kugelstoßen, F20 _FRAUEN_
1. Ewa Durska | POL | 13,94 m (WR)
2. Anastasija Mysnyk | UKR | 13,24 m
3. Sabrina Fortune | GBR | 12,94 m

Kugelstoßen, F32 _FRAUEN_
1. Maroua Brahmi | TUN | 5,76 m
2. Noura Alktebi | UAE | 4,70 m
3. Louise Ellery | AUS | 4,19 m

Kugelstoßen, F33 _FRAUEN_
1. Asmahan Boudjadar | ALG | 5,72 m
2. Sara Hamdi Masoud | QAT | 5,39 m
3. Sara Alsenaani | UAE | 5,09 m

Kugelstoßen, F34 _FRAUEN_
1. Lijuan Zou | CHN | 8,75 m (WR)
2. Lucyna Kornobys | POL | 8,00 m
3. Jessica Hamill | NZL | 7,54 m
6. Frances Herrmann | GER | 6,64 m

Kugelstoßen, F35 _FRAUEN_
1. Jun Wang | CHN | 13,91 m (WR)
2. Marija Pomasan | UKR | 13,59 m
3. Marivana Oliveira | BRA | 9,28 m

Kugelstoßen, F36 _FRAUEN_
1. Birgit Kober | GER | 11,41 m (PR)
2. Qing Wu | CHN | 10,33 m
3. Katherine Proudfoot | AUS | 9,70 m
4. Juliane Mogge | GER | 9,12 m

Kugelstoßen, F37 _FRAUEN_
1. Franziska Liebhardt | GER | 13,96 m (DR, ER, PR, WR)
2. Na Mi | CHN | 13,73 m
3. Eva Berna | CZE | 11,23 m

Kugelstoßen, F40 _FRAUEN_
1. Lauritta Onye | NGR | 8,40 m (WR)
2. Rima Abdelli | TUN | 7,37 m
3. Lara Baars | NED | 7,12 m

Kugelstoßen, F41 _FRAUEN_
1. Raoua Tlili | TUN | 10,19 m
2. Samar Ben Koelleb | TUN | 8,39 m
3. Claire Keefer | AUS | 8,16 m

Kugelstoßen, F53 _FRAUEN_
1. Fatema Nedham | BRN | 4,76 m
2. Deepa Malik | IND | 4,61 m
3. Dimitra Korokida | GRE | 4,28 m

Kugelstoßen, F54 _FRAUEN_
1. Liwan Yang | CHN | 7,89 m (PR)
2. Hania Aidi | TUN | 6,86 m
3. Fadhila Nafati | TUN | 6,38 m

Kugelstoßen, F57, sitzend _FRAUEN_
1. Angeles Ortiz Hernandez | MEX | 10,94 m (PR, WR)
2. Nassima Saifi | ALG | 10,77 m
3. Nadia Medjmedj | ALG | 9,92 m
9. Martina Willing | GER | 7,79 m

Keulenwurf, F32 _FRAUEN_
1. Maroua Brahmi | TUN | 26,93 m (PR, WR)
2. Mounia Gasmi | ALG | 25,41 m
3. Gemma Prescott | GBR | 19,77 m

Keulenwurf, F51 _FRAUEN_
1. Joanna Butterfield | GBR | 22,81 m (WR)
2. Soia Owsij | UKR | 22,21 m
3. Cassie Mitchell | USA | 21,84 m

Speerwurf, F13 _FRAUEN_
1. Nozimakhon Kayumova | UZB | 44,58 m (PR,WR)
2. Irada Aliyeva | AZE | 42,58 m
3. Natalija Eder | AUT | 40,49 m

Speerwurf, F34 _FRAUEN_
1. Lijuan Zou | CHN | 21,86 m (PR, WR)
2. Marjaana Heikkinen | FIN | 18,42 m
3. Frances Herrmann | GER | 18,16 m

Speerwurf, F37 _FRAUEN_
1. Shirlene Coelho | BRA | 37,57 m
2. Na Mi | CHN | 30,18 m
3. Qianqian Jia | CHN | 29,47 m

Speerwurf, F46 _FRAUEN_
1. Hollie Arnold | GBR | 43,01 m (WR)
2. Holly Robinson | NZL | 41,22 m
3. Katarzyna Piekart | POL | 41,07 m

Speerwurf, F54 _FRAUEN_
1. Flora Ugwunwa | NGR | 20,25 m (PR, WR)
2. Hania Aidi | TUN | 18,88 m
3. Ntombizanele Situ | RSA | 17,90 m

Speerwurf, F56 _FRAUEN_
1. Diana Dadzite | LAT | 23,26 m (ER, PR, WR)
2. Martina Willing | GER | 22,22 m
3. Nadia Medjmedj | ALG | 20,24 m

Sprint, 100 m, T11 _MÄNNER_
1. David Brown | USA | 10,99 sek (PR)
2. Felipe Gomes | BRA | 11,08 sek
3. Ananias Shikongo | NAM | 11,11 sek

Sprint, 100 m, T12 _MÄNNER_
1. Leinier Savon Pineda | CUB | 10,97 sek
2. Ndodomzi Jonathan Ntutu | RSA | 11,09 sek
3. Thomas Ulbricht | GER | 11,39 sek

Sprint, 100 m, T13 _MÄNNER_
1. Jason Smyth | IRL | 10,64 sek
2. Johannes Nambala | NAM | 10,78 sek
3. Chad Perris | AUS | 10,83 sek

Sprint, 100 m, T33 _MÄNNER_
1. Ahmad Almutairi | KUW | 16,61 sek (PR)
2. Toby Gold | GBR | 17,84 sek
3. Andrew Small | GBR | 17,96 sek
6. Denis Schmitz | GER | 21,22 sek

Sprint, 100 m, T34 _MÄNNER_
1. Walid Ktila | TUN | 15,14 sek (PR)
2. Rheed McCracken | AUS | 15,34 sek
3. Henry Manni | FIN | 15,46 sek

Sprint, 100 m, T35 _MÄNNER_
1. Igor Zwijetow | UKR | 12,31 sek
2. Fabio da Silva Bordignon | BRA | 12,66 sek
3. Hernan Barreto | ARG | 12,85 sek

Sprint, 100 m, T36 _MÄNNER_
1. Mohamad Ridzuan Mohamad Puzi | MAS | 12,07 sek
2. Yifei Yang | CHN | 12,20 sek
3. Rodrigo Parreira da Silva | BRA | 12,54 sek

Sprint, 100 m, T37 _MÄNNER_
1. Charl du Toit | RSA | 11,45 sek
2. Mostafa Fathalla Mohamed | EGY | 11,54 sek
3. Fanie van der Merwe | RSA | 11,54 sek

Sprint, 100 m, T38 _MÄNNER_
1. Jianwen Hu | CHN | 10,74 sek (WR)
2. Evan O'Hanlon | AUS | 10,98 sek
3. Edson Pinheiro | BRA | 11,26 sek

Sprint, 100 m, T42 _MÄNNER_
1. Scott Reardon | AUS | 12,26 sek (PR)
2. Daniel Wagner | DEN | 12,32 sek
3. Richard Whitehead | GBR | 12,32 sek
4. Heinrich Popow | GER | 12,46 sek

DIE ERGEBNISSE

Sprint, 100 m, T44 *MÄNNER*
1. Jonnie Peacock | GBR | 10,81 sek (PR)
2. Liam Malone | NZL | 11,02 sek
3. Felix Streng | GER | 11,03 sek
7. David Behre | GER | 11,26 sek

Sprint, 100 m, T47 *MÄNNER*
1. Petrucio Farreiro dos Santos | BRA | 10,57 sek (PR, WR)
2. Michal Derus | POL | 10,79 sek
3. Yohansson Nascimento | BRA | 10,79 sek

Sprint, 100 m, T51 *MÄNNER*
1. Peter Genyn | BEL | 21,15 sek (PR)
2. Mohamed Berrahal | ALG | 21,70 sek
3. Edgar C. Navarro Sanchez | MEX | 21,96 sek

Sprint, 100 m, T52 *MÄNNER*
1. Gianfranco Iannotta | USA | 17,17 sek
2. Raymond Martin | USA | 17,25 sek
3. Salvador Hernandez Mondragon | MEX | 17,69 sek

Sprint, 100 m, T53 *MÄNNER*
1. Brent Lakatos | CAN | 14,44 sek
2. Pongsakorn Paeyo | THA | 14,80 sek
3. Huzhao Li | CHN | 14,85 sek

Sprint, 100 m, T54 *MÄNNER*
1. Leo Pekka Tahti | FIN | 13,90 sek
2. Yang Liu | CHN | 14,10 sek
3. Kenny van Weeghel | NED | 14,23 sek

Sprint, 200 m, T11 *MÄNNER*
1. Ananias Shikongo | NAM | 22,44 sek (PR)
2. Felipe Gomes | BRA | 22,52 sek
3. Daniel Silva | BRA | 23,04 sek

Sprint, 200 m, T12 *MÄNNER*
1. Leinier Savon Pineda | CUB | 22,23 sek
2. Hilton Langenhoven | RSA | 22,43 sek
3. Mahdi Afri | MAR | 22,57 sek

Sprint, 200 m, T35 *MÄNNER*
1. Igor Zwijetow | UKR | 25,11 sek (PR)
2. Fabio da Silva Bordignon | BRA | 26,01 sek
3. Hernan Barreto | ARG | 26,50 sek

Sprint, 200 m, T42 *MÄNNER*
1. Richard Whitehead | GBR | 23,39 sek
2. Ntando Mahlangu | RSA | 23,77 sek
3. David Henson | GBR | 24,74 sek

Sprint, 200 m, T44 *MÄNNER*
1. Liam Malone | NZL | 21,06 sek
2. Hunter Woodhall | USA | 21,12 sek
3. David Behre | GER | 21,41 sek
4. Johannes Floors | GER | 21,81 sek
Felix Streng | GER (nicht beendet)

Sprint, 400 m, T11 *MÄNNER*
1. Gerard Descarrega Puigdevall | ESP | 50,22 sek
2. Felipe Gomes | BRA | 50,38 sek
3. Ananias Shikongo | NAM | 50,63 sek

Sprint, 400 m, T12 *MÄNNER*
1. Qichao Sun | CHN | 48,57 sek
2. Mahdi Afri | MAR | 49,00 sek
3. Luis Goncalves | POR | 49,54 sek

Sprint, 400 m, T13 *MÄNNER*
1. Mohamed Amguoun | MAR | 47,15 sek (WR)
2. Johannes Nambala | NAM | 47,21 sek
3. Mohamed Fouad Hamoumou | ALG | 48,04 sek

Sprint, 400 m, T20 *MÄNNER*
1. Daniel Martins | BRA | 47,22 sek (PR, WR)
2. Luis Arturo Paiva | VEN | 47,83 sek
3. Gracelino Tavares Barbosa | CPV | 48,55 sek

Sprint, 400 m, T36 *MÄNNER*
1. Paul Blake | GBR | 54,49 sek
2. Roman Pawlyk | UKR | 55,67 sek
3. William Stedman | NZL | 55,69 sek

Sprint, 400 m, T37 *MÄNNER*
1. Dyan Neille Buis | RSA | 49,46 sek (PR)
2. Jianwen Hu | CHN | 50,27 sek
3. Weiner Javier Diaz Mosquera | COL | 51,44 sek

Sprint, 400 m, T38 *MÄNNER*
1. Charl du Toit | RSA | 51,13 sek (PR)
2. Omar Monterola | VEN | 52,93 sek
3. Sofiane Hamdi | ALG | 53,01 sek

Sprint, 400 m, T43/T44 *MÄNNER*
1. Liam Malone | NZL | 46,20 sek (PR)
2. David Behre | GER | 46,23 sek
3. Hunter Woodhall | USA | 46,70 sek

Sprint, 400 m, T47 *MÄNNER*
1. Ernesto Blanco | CUB | 48,79 sek
2. Petrucio Ferreira dos Santos | BRA | 48,87 sek
3. Günther Matzinger | AUT | 48,95 sek

Sprint, 400 m, T51 *MÄNNER*
1. Peter Genyn | BEL | 1:20,82 min (PR)
2. Edgar C. Navarro Sanchez | MEX | 1:21,82 min
3. Alvise de Vidi | ITA | 1:22,38 min

Sprint, 400 m, T52 *MÄNNER*
1. Raymond Martin | USA | 58,42 sek
2. Tomoki Sato | JPN | 58,88 sek
3. Gianfranco Iannotta | USA | 1:02,16 min

Sprint, 400 m, T53 *MÄNNER*
1. Pongsakorn Paeyo | THA | 47,91 sek
2. Brent Lakatos | CAN | 48,53 sek
3. Pierre Fairbank | FRA | 49,00 sek

Sprint, 400 m, T54 *MÄNNER*
1. Kenny van Weeghel | NED | 46,65 sek
2. Yang Liu | CHN | 46,79 sek
3. Yassine Gharbi | TUN | 47,07 sek

Mittelstrecke, 800 m, T34 *MÄNNER*
1. Mohamed Alhammadi | UAE | 1:40,24 (PR)
2. Walid Ktila | TUN | 1:40,31
3. Rheed McCracken | AUS | 1:41,25

Mittelstrecke, 800 m, T36 *MÄNNER*
1. James Turner | AUS | 2:02,39 min (PR,WR)
2. Paul Blake | GBR | 2:09,65 min
3. William Stedman | NZL | 2:11,98 min

Mittelstrecke, 800 m, T53 *MÄNNER*
1. Pongsakorn Paeyo | THA | 1:40,78 min
2. Pierre Fairbank | FRA | 1:40,97 min
3. Brent Lakatos | CAN | 1:41,09 min

Mittelstrecke, 800 m, T54 *MÄNNER*
1. Marcel Hug | SUI | 1:33,76 min
2. Saichon Konjen | THA | 1:34,74 min
3. Gyu Dae Kim | KOR | 1:34,98 min

Mittelstrecke, 1.500 m, T11 *MÄNNER*
1. Samwel Mushai Kimani | KEN | 4:03,25 min
2. Odair Santos | BRA | 4:03,85 min
3. Semih Deniz | TUR | 4:05,42 min

Mittelstrecke, 1.500 m, T13 *MÄNNER*
1. Abdellatif Baka | ALG | 3:48,29 min (WR)
2. Tamiru Demisse | ETH | 3:48,49 min
3. Henry Kirwa | KEN | 3:49,59 min

Mittelstrecke, 1.500 m, T20 *MÄNNER*
1. Michael Brannigan | USA | 3:51,73 min
2. Daniel Pek | POL | 3:56,17 min
3. Peyman Nasiri Bazanjani | IRI | 3:56,24 min

Mittelstrecke, 1.500 m, T37 *MÄNNER*
1. Michael McKillop | IRL | 4:12,11 min
2. Liam Stanley | CAN | 4:16,72 min
3. Madjid Djemai | ALG | 4:17,28 min

Mittelstrecke, 1.500 m, T38 *MÄNNER*
1. Abbes Saidi | TUN | 4:13,81 min
2. Deon Kenzie | AUS | 4:14,95 min
3. Louis Radius | FRA | 4:17,19 min

Mittelstrecke, 1.500 m, T46 *MÄNNER*
1. Samir Nouioua | ALG | 3:59,46 min
2. David Emong | UGA | 4:00,62 min
3. Michael Roeger | AUS | 4:01,34 min

Mittelstrecke, 1.500 m, T52 *MÄNNER*
1. Raymond Martin | USA | 3:40,63 min (PR)
2. Tomoki Sato | JPN | 3:41,70 min
3. Pichaya Kurattanasiri | THA | 3:53,96 min

Mittelstrecke, 1.500 m, T54 *MÄNNER*
1. Prawat Wahoram | THA | 3:00,62 min
2. Marcel Hug | SUI | 3:00,65 min
3. Saichon Konjen | THA | 3:00,86 min
6. Alhassane Baldé | GER | 3:01,62 min

Staffel, 4 x 100 m, T11/T13 *MÄNNER*
1. Brasilien | 42,37 sek (PR)
2. China | 43,05 sek
3. Usbekistan | 43,47 sek

Staffel, 4 x 100 m, T42 – T46 *MÄNNER*
1. Deutschland | 40,82 sek (PR) [David Behre, Johannes Floors, Markus Rehm, Felix Streng]
2. Brasilien | 42,04 sek
3. Japan | 44,16 sek

Staffel, 4 x 400 m, T53/T54 *MÄNNER*
1. China | 3:04,58 min
2. Thailand | 3:07,73 min
3. Kanada | 3:08,00 min

Langstrecke, 5.000 m, T11 *MÄNNER*
1. Samwel Mushai Kimani | KEN | 15:16,11 min
2. Odair Santos | BRA | 15:17,55 min
3. Wilson Bii | KEN | 15:22,96 min

Langstrecke, 5.000 m, T13 *MÄNNER*
1. Henry Kirwa | KEN | 14:17,32 min (WR)
2. El Amin Chentouf | MAR | 14:21,04 min
3. Bilel Aloui | TUN | 14:33,33 min

Langstrecke, 5.000, T54 *MÄNNER*
1. Prawat Wahoram | THA | 11:01,71 min
2. Marcel Hug | SUI | 11:02,04 min
3. Kurt Fearnley | AUS | 11:02,37 min
8. Alhassane Baldé | GER | 11:03,00 min

Langstrecke, Marathon, T12 *MÄNNER*
1. El Amin Chentouf | MAR | 2:34:50 h
1. Alberto Suarez Laso | ESP | 2:34:50 h
3. Masahiro Okamura | JPN | 2:42:50 h

Langstrecke, Marathon, T46 *MÄNNER*
1. Abderrahman Ait Khamouch | ESP | 2:37:10 h
2. Chaoyan Li | CHN | 2:38:50 h
3. Manuel Mendes | POR | 2:58:30 h

Langstrecke, Marathon, T54 *MÄNNER*
1. Marcel Hug | SUI | 1:26:16 h
2. Kurt Fearnley | AUS | 1:26:17 h
3. Gyu Dae Kim | KOR | 1:30:08 h

Hochsprung, F42 *MÄNNER*
1. Mariyappan Thangavelu | IND | 1,89 m
2. Bhati Varun Singh | IND | 1,86 m
2. Sam Grewe | USA | 1,86 m
12. Léon Schäfer | GER | 1,55 m

Hochsprung, F44 *MÄNNER*
1. Roderick Townsend-Roberts | USA | 2,09 m (PR)
2. Hongjie Chen | CHN | 1,99 m
3. Aaron Chatman | AUS | 1,99 m
9. Reinhold Bötzel | GER | 1,80 m

Hochsprung, F47 *MÄNNER*
1. Maciej Lepiato | POL | 2,19 m (ER, PR, WR)
2. Jonathan Broom-Edwards | GBR | 2,10 m
3. Rafael Uribe | VEN | 2,01 m

Weitsprung, F11 *MÄNNER*
1. Ricardo Costa de Oliveira | BRA | 6,52 m
2. Lex Gillette | USA | 6,44 m
3. Ruslan Katyschew | UKR | 6,20 m

Weitsprung, F12 *MÄNNER*
1. Hilton Langenhoven | RSA | 7,07 m
2. Kamil Aliyev | AZE | 7,05 m
3. Doniyor Saliev | UZB | 7,04 m
10. Thomas Ulbricht | GER | 6,40 m

Weitsprung, F20 *MÄNNER*
1. Abdul Latif Romly | MAS | 7,60 m (PR, WR)
2. Zoran Talic | CRO | 7,12 m
3. Dmytro Prudnikow | UKR | 6,99 m

Weitsprung, F36 *MÄNNER*
1. Brayden Davidson | AUS | 5,62 m (PR)
2. Rodrigo Parreira da Silva | BRA | 5,62 m (PR)
3. Roman Pawlyk | UKR | 5,61 m

Weitsprung, F37 *MÄNNER*
1. Guangxu Shang | CHN | 6,77 m (WR)
2. Mateus Evangelista Cardoso | BRA | 6,53 m
3. Haider Ali | PAK | 6,28 m

Weitsprung, F38 *MÄNNER*
1. Jianwen Hu | CHN | 6,64 m (PR)
2. Huanghao Zhong | CHN | 6,59 m
3. Dyan Neille Buis | RSA | 6,58 m
7. Dennis Rill | GER | 5,03 m

Weitsprung, F42 *MÄNNER*
1. Heinrich Popow | GER | 6,70 m (PR)
2. Atsushi Yamamoto | JPN | 6,62 m
3. Daniel Wagner | DEN | 6,57 m
4. Léon Schäfer | GER | 6,06 m

Weitsprung, F44 *MÄNNER*
1. Markus Rehm | GER | 8,21 m (PR)
2. Ronald Hertog | NED | 7,29 m
3. Felix Streng | GER | 7,13 m

Weitsprung, F47 *MÄNNER*
1. Roderick Townsend-Roberts | USA | 7,41 m (PR)
2. Hao Wang | CHN | 7,30 m
3. Arnaud Assoumani | FRA | 7,11 m

Diskuswurf, F11 *MÄNNER*
1. Alessandro Rodrigo Silva | BRA | 43,06 m (PR)
2. Oney Tapia | ITA | 40,89 m
3. David Casinos Sierra | ESP | 38,58 m

Diskuswurf, F37, stehend *MÄNNER*
1. Khusniddin Norbekov | UZB | 59,75 m (PR, WR)
2. Mindaugas Bilius | LTU | 53,50 m
3. Dong Xia | CHN | 52,15 m

Diskuswurf, F44 *MÄNNER*
1. David Blair | USA | 64,11 m (PR, WR)
2. Akeem Stewart | TRI | 61,72 m
3. Dan Greaves | GBR | 59,57 m

Diskuswurf, F52 *MÄNNER*
1. Aigars Apinis | LAT | 20,83 m
2. Robert Jachimowicz | POL | 19,10 m
3. Velimir Sandor | CRO | 18,24 m

Diskuswurf, F56 *MÄNNER*
1. Claudiney Batista dos Santos | BRA | 45,33 m (PR)
2. Alireza Ghaleh Nasseri | IRI | 44,04 m
3. Leonardo Diaz | CUB | 43,58 m

Kugelstoßen, F12 *MÄNNER*
1. Kim Lopez Gonzalez | ESP | 16,44 m
2. Saman Pakbaz | IRI | 15,98 m
3. Roman Danyliuk | UKR | 15,94 m

Kugelstoßen, F20 *MÄNNER*
1. Muhammad Ziyad Zolkefli | MAS | 16,84 m (PR, WR)
2. Dimitrios Senikidis | GRE | 16,17 m (ER)
3. Todd Hodgetts | AUS | 15,82 m

Kugelstoßen, F32 *MÄNNER*
1. Athanasios Konstantinidis | GRE | 10,39 m (WR)
2. Lahouari Bahlaz | ALG | 9,40 m
3. Dimitrios Zisidis | GRE | 9,24 m

Kugelstoßen, F33 *MÄNNER*
1. Daniel Scheil | GER | 11,03 m
2. Kamel Kardjena | ALG | 10,94 m
3. Hani Alnakhli | KSA | 8,99 m

Kugelstoßen, F34 *MÄNNER*
1. Azeddine Nouiri | MAR | 11,28 m
2. Abdulrahman Abdulqadir Abdulrahman | QAT | 11,15 m
3. Mauricio Valencia | COL | 11,10 m

Kugelstoßen, F35 *MÄNNER*
1. Xinhan Fu | CHN | 15,19 m
2. Hernan Emanuel Urra | ARG | 14,91 m
3. Edgars Bergs | LAT | 14,55 m

Kugelstoßen, F36 *MÄNNER*
1. Sebastian Dietz | GER | 14,84 m (PR)
2. Mykola Dibrowa | UKR | 14,26 m
3. Cuiqing Li | CHN | 14,02 m

Kugelstoßen, F37 *MÄNNER*
1. Mindaugas Bilius | LTU | 16,80 m
2. Dong Xia | CHN | 16,06 m
3. Khusniddin Norbekov | UZB | 15,17 m

Kugelstoßen, F40 *MÄNNER*
1. Garrah Tnaiash | IRQ | 10,76 m
2. Zhenyu Chen | CHN | 10,10 m
3. Smaali Bouaabid | TUN | 9,44 m

Kugelstoßen, F41 *MÄNNER*
1. Niko Kappel | GER | 13,57 m
2. Bartosz Tyszkowski | POL | 13,56 m
3. Zhiwei Xia | CHN | 12,33 m

Kugelstoßen, F42 *MÄNNER*
1. Aled Davies | GBR | 15,97 m (PR)
2. Sajad Mohammadian | IRI | 14,31 m
3. Tyrone Pillay | RSA | 13,91 m
5. Frank Tinnemeier | GER | 13,44 m

Kugelstoßen, F53 *MÄNNER*
1. Che Jon Fernandes | GRE | 8,44 m
2. Scot Severn | USA | 8,41 m
3. Asadollah Azimi | IRI | 8,14 m

Kugelstoßen, F55 *MÄNNER*
1. Ruzhdi Ruzhdi | BUL | 12,33 m (ER, PR, WR)
2. Hamed Amiri | IRI | 11,40 m
3. Lech Stoltman | POL | 11,39 m

Kugelstoßen, F57 *MÄNNER*
1. Guoshan Wu | CHN | 14,42 m
2. Janusz Rokicki | POL | 14,26 m
3. Javid Ehsani Shakib | IRI | 14,13 m

Keulenwurf, F32 *MÄNNER*
1. Maciej Sochal | POL | 33,91 m
2. Athanasios Konstantinidis | GRE | 33,69 m
3. Stephen Miller | GBR | 31,93 m

Keulenwurf, F51 *MÄNNER*
1. Zeljko Dimitrijevic | SRB | 29,96 m (ER,PR, WR)
2. Milos Mitic | SRB | 26,84 m
3. Marian Kureja | SVK | 26,82 m

Speerwurf, F13 *MÄNNER*
1. Aleksandr Svechnikov | UZB | 65,69 m (PR)
2. Sajad Nikparast | IRI | 62,74 m
3. Nemanja Dimitrijevic | SRB | 60,86 m

Speerwurf, F34 *MÄNNER*
1. Mauricio Valencia | COL | 36,65 m
2. Yanzhang Wang | CHN | 34,15 m
3. Mohsen Kaedi | IRI | 33,42 m

Speerwurf, F38 *MÄNNER*
1. Reinhardt Hamman | RSA | 50,96 m
2. Luis Fernando Lucumi Villegas | COL | 49,19 m
3. Javad Hardani | IRI | 48,46 m

57 Sprüche für 57

Medaillen

DIE ERGEBNISSE

Speerwurf, F41 *MÄNNER*
1. Kovan Abdulraheem | IRQ | 42,85 m
2. Wildan Nukhailawi | IRQ | 42,08 m
3. Pengxiang Sun | CHN | 41,81 m
5. Mathias Mester | GER | 39,99 m

Speerwurf, F44 *MÄNNER*
1. Akeem Stewart | TRI | 57,32 m (PR, WR)
2. Alister McQueen | CAN | 55,56 m
3. Rory McSweeney | NZL | 54,99 m

Speerwurf, F46 *MÄNNER*
1. Devendra | IND | 63,97 m (PR, WR)
2. Chunliang Guo | CHN | 59,93 m
3. Dinesh P. Herath Mudiyanselage | SRI | 58,23 m
9. Mathias Schulze | GER | 48,84 m

Speerwurf, F54 *MÄNNER*
1. Manolis Stefanoudakis | GRE | 29,45 m
2. Luis Alberto Zepeda Felix | MEX | 25,92 m
3. Alexander Trypuz | BLR | 23,56 m

Speerwurf, F57 *MÄNNER*
1. Mohammad Khalvandi | IRI | 46,12 m (WR)
2. Abdollah Heidari Til | IRI | 43,77 m
3. Ngoc Hung Cao | VIE | 43,27 m

Radsport Bahn

500 m Zeitfahren, C1–3, Zweirad *FRAUEN*
1. Alyda Norbruis, NED | 36,908 sek (PR, WR)
2. Amanda Reid, AUS | 37,581 sek
3. Zhenling Song, CHN | 40,020 sek

500 m Zeitfahren, C4–5, Zweirad *FRAUEN*
1. Kadeena Cox | GBR | 34,598 sek (PR, WR)
2. Jufang Zhou | CHN | 36,004 sek
3. Jianping Ruan | CHN | 36,557 sek

1.000 m Zeitfahren, B *FRAUEN*
1. Sophie Thornhill, Helen Scott | GBR | 1:06,283 min (PR)
2. Larissa Klaassen, Haliegh Dolman | NED | 1:07,059 min
3. Jessica Gallagher, Madison Janssen | AUS | 1:08,171 min

Einzelverfolgung, 3.000 m, B *FRAUEN*
1. Lora Turnham, Comine Hall | GBR
2. Emma Foy, Laura Thompson | NZL
3. Sophie Thornhill, Helen Scott | GBR

Einzelverfolgung, 3.000 m, C1–3, Zweirad
1. Megan Giglia | GBR *FRAUEN*
2. Jamie Whitmore | USA
3. Alyda Norbruis | NED
12. Denise Schindler | GER

Einzelverfolgung, 3.000 m, C4, Zweirad
1. Shawn Morelli | USA *FRAUEN*
2. Susan Powell | AUS
3. Megan Fisher | USA

Einzelverfolgung, 3.000 m, C5, Zweirad
1. Sarah Storey | GBR *FRAUEN*
2. Crystal Lane | GBR
3. Samantha Bosco | USA
8. Kerstin Brachtendorf | GER

1.000 m Zeitfahren, B *MÄNNER*
1. Tristan Bangma, Teun Mulder | NED | 59,822 sek (PR)
2. Neil Fachie, Pete Mitchell | GBR | 1:00,241 sek
3. Kai-Kristian Kruse, Stefan Nimke | GER | 1:01,787 sek

1.000 m Zeitfahren, C1–3, Zweirad *MÄNNER*
1. Zhangyu Li | CHN | 1:06,678 min (PR, WR)
2. Arnoud Nijhuis | NED | 1:07,999 min
3. Tristen Chernove | CAN | 1:09,583 min
21. Erich Winkler | GER | 1:17,774 min

1.000 m Zeitfahren, C4–5, Zweirad *MÄNNER*
1. Jody Cundy | GBR | 1:02,473 min
2. Jozef Metelka | SVK | 1:04,194 min
3. Alfonso Cabello Llamas | ESP | 1:04,494 min

Einzelverfolgung, 3.000 m, B *MÄNNER*
1. Steve Bate, Adam Duggleby | GBR
2. Vincent ter Schure, Timo Fransen | NED
3. Stephen de Vrie, Patrick Bos | NED
13. Kai-Kristian Kruse, Stefan Nimke | GER

Einzelverfolgung, 3.000 m, C1, Zweirad
1. Zhangyu Li | CHN *MÄNNER*
2. Ross Wilson | CAN
3. Arnoud Nijhuis | NED
4. Erich Winkler | GER
5. Michael Teuber | GER

Einzelverfolgung, 3.000 m, C2, Zweirad
1. Guihua Liang | CHN *MÄNNER*
2. Tristen Chernove | CAN
3. Louis Rolfe | GBR

Einzelverfolgung, 3.000 m, C3, Zweirad
1. David Nicholas | AUS *MÄNNER*
2. Joseph Berenyi | USA
3. Michael Sametz | CAN

Einzelverfolgung, 3.000 m, C4, Zweirad
1. Jozef Metelka | SVK *MÄNNER*
2. Kyle Bridgwood | AUS
3. Diego German Duenas Gomez | COL

Einzelverfolgung, 3.000 m, C5, Zweirad
1. Jehor Dementjew | UKR *MÄNNER*
2. Alistair Donohoe | AUS
3. Edwin Fabian Matiz Ruiz | COL

Mannschaftsverfolgung, C1–5, Zweirad *MIXED*
1. Großbritannien
2. China
3. Spanien

Radsport Straße

Einzel, Rennen, C1–3, Zweirad *FRAUEN*
1. Jamie Whitmore | USA | 1:30:14 h
2. Sini Zeng | CHN | 1:30:14 h
3. Denise Schindler | GER | 1:30:14 h

Einzel, Rennen, C4–5, Zweirad *FRAUEN*
1. Sarah Storey | GBR | 2:15:41 h
2. Anna Harkowska | POL | 2:19:11 h
3. Crystal Lane | GBR | 2:21:58 h
5. Kerstin Brachtendorf | GER | 2:21:58 h

Einzel, Rennen, H1–4, Handbike *FRAUEN*
1. Christiane Reppe | GER | 1:15:56 h
2. Doyeon Lee | KOR | 1:15:58 h
3. Francesca Porcellato | ITA | 1:15:58 h

Einzel, Rennen, H5, Handbike *FRAUEN*
1. Andrea Eskau | GER | 1:37:07 h
2. Laura de Vaan | NED | 1:37:09 h
3. Jennette Jansen | NED | 1:37:09 h
5. Dorothee Vieth | GER | 1:37:15 h

Einzel, Rennen, T1–2, Dreirad *FRAUEN*
1. Carol Cooke | AUS | 1:07:51 h
2. Jill Walsh | USA | 1:08:08 h
3. Jana Majunke | GER | 1:08:19 h

Einzelzeitfahren, C1–3, Zweirad *FRAUEN*
1. Alyda Norbruis | NED | 29:47 min
2. Denise Schindler | GER | 30:19 min
3. Sini Zeng | CHN | 30:41 min

Einzelzeitfahren, C4, Zweirad *FRAUEN*
1. Shawn Morelli | USA | 29:45 min
2. Megan Fisher | USA | 30:16 min
3. Susan Powell | AUS | 30:19 min

Einzelzeitfahren, C5, Zweirad *FRAUEN*
1. Sarah Storey | GBR | 27:22 min
2. Anna Harkowska | POL | 28:53 min
3. Samantha Bosco | USA | 29:05 min
7. Kerstin Brachtendorf | GER | 30:31 min

Einzelzeitfahren, H1–3, Handbike *FRAUEN*
1. Karen Darke | GBR | 33:45 min
2. Alicia Dana | USA | 33:57 min
3. Francesca Porcellato | ITA | 34:20 min

Einzelzeitfahren, H4–5, Handbike *FRAUEN*
1. Dorothee Vieth | GER | 31:35 min
2. Andrea Eskau | GER | 32:15 min
3. Laura de Vaan | NED | 33:03 min
6. Christiane Reppe | GER | 33:55 min

Einzelzeitfahren, T1–2, Dreirad *FRAUEN*
1. Carol Cooke | AUS | 26:11 min
2. Jill Walsh | USA | 26:50 min
3. Shelley Gautier | CAN | 26:51 min
4. Jana Majunke | GER | 27:43 min

Tandem, Einzelzeitfahren, B *FRAUEN*
1. Katie George Dunlevy, Evelyn McCrystal | IRL | 38:59 min
2. Yurie Kanuma, Mai Tanaka | JPN | 39:33 min
3. Corrine Hall, Lora Turnham | GBR | 39:34 min

Tandem, Rennen, B *FRAUEN*
1. Iwona Podkoscielna, Aleksandra Teclaw | POL | 1:58:02 h
2. Katie George Dunlevy, Evelyn McCrystal | IRL | 1:59:01 h
3. Emma Foy, Laura Thompson | NZL | 1:59:33 h

Einzel, Rennen, C1–3, Zweirad *MÄNNER*
1. Steffen Warias | GER | 1:49:11 h
2. Kris Bosmans | BEL | 1:49:11 h
3. Fabio Anobile | ITA | 1:49:11 h
14. Michael Teuber | GER | 1:52:09 h
18. Erich Winkler | GER | 1:55:04 h

Einzel, Rennen, C4–5, Zweirad *MÄNNER*
1. Daniel Abraham Gebru | NED | 2:13:08 h
2. Lauro Cesar Chaman | BRA | 2:13:46 h
3. Andrea Tarlao | ITA | 2:13:46 h
12. Thomas Schäfer | GER | 2:19:26 h

Einzel, Rennen, H2, Handbike *MÄNNER*
1. Luca Mazzone | ITA | 1:15:23 h
1. William Groulx | USA | 1:15:23 h
3. Tobias Fankhauser | SUI | 1:23:12 h

Einzel, Rennen, H3, Handbike *MÄNNER*
1. Paolo Cecchetto | ITA | 1:33 min
2. Max Weber | GER | 1:33 min
3. Charles Moreau | CAN | 1:33 min

Einzel, Rennen, H4, Handbike *MÄNNER*
1. Vico Merklein | GER | 1:28:48 h
2. Rafal Wilk | POL | 1:28:51 h
3. Joel Jeannot | FRA | 1:28:54 h

Einzel, Rennen, H5, Handbike *MÄNNER*
1. Ernst van Dyk | RSA | 1:37:49 h
2. Alessandro Zanardi | ITA | 1:37:49 h
3. Jetze Plat | NED | 1:37:49 h

Einzel, Rennen, T1–2, Dreirad *MÄNNER*
1. Hans-Peter Durst | GER | 50:57 min
2. David Stone | GBR | 51:00 min
3. Nestor Ayala Ayala | COL | 51:00 min

Einzelzeitfahren, C1, Zweirad *MÄNNER*
1. Michael Teuber | GER | 27:54 min
2. Ross Wilson | CAN | 28:47 min
3. Giancarlo Masini | ITA | 28:48 min
4. Erich Winkler | GER | 29:37 min

Einzelzeitfahren, C2, Zweirad *MÄNNER*
1. Tristen Chernove | CAN | 27:43 min
2. Colin Lynch | IRL | 28:02 min
3. Guihua Liang | CHN | 28:18 min

Einzelzeitfahren, C3, Zweirad *MÄNNER*
1. Eoghan Clifford | IRL | 38:22 min
2. Masaki Fujita | JPN | 39:30 min
3. Michael Sametz | CAN | 39:41 min
5. Steffen Warias | GER | 40:38 min

Einzelzeitfahren, C4, Zweirad *MÄNNER*
1. Jozef Metelka | SVK | 37:53 min
2. Kyle Bridgwood | AUS | 38:23 min
3. Patrik Kuril | SVK | 39:08 min
7. Thomas Schäfer | GER | 40:05 min

Einzelzeitfahren, C5, Zweirad *MÄNNER*
1. Jehor Dementjew | UKR | 36:53 min
2. Alistair Donohoe | AUS | 37:33 min
3. Lauro Cesar Chaman | BRA | 37:37 min

Einzelzeitfahren, H2, Handbike *MÄNNER*
1. Luca Mazzone | ITA | 32:07 min
2. William Groulx | USA | 32:13 min
3. Brian Sheridan | USA | 33:40 min

Einzelzeitfahren, H3, Handbike *MÄNNER*
1. Vittorio Podesta | ITA | 28:19 min
2. Walter Ablinger | AUT | 29:26 min
3. Charles Moreau | CAN | 29:27 min
9. Max Weber | GER | 31:21 min

Einzelzeitfahren, H4, Handbike *MÄNNER*
1. Rafal Wilk | POL | 27:39 min
2. Thomas Frühwirth | AUT | 27:49 min
3. Vico Merklein | GER | 28:42 min

Einzelzeitfahren, H5, Handbike *MÄNNER*
1. Alessandro Zanardi | ITA | 28:37 min
2. Stuart Tripp | AUS | 28:40 min
3. Oscar Sanchez | USA | 28:52 min

Einzelzeitfahren, T1–2, Dreirad *MÄNNER*
1. Hans-Peter Durst | GER | 22:57 min
2. Ryan Boyle | USA | 24:31 min
3. David Stone | GBR | 24:42 min

Tandem, Einzelzeitfahren, B *MÄNNER*
1. Steve Bate, Adam Duggleby | GBR | 34:35 min
2. Vincent ter Schure, Timo Fransen | NED | 34:44 min
3. Kieran Modra, David Edwards | AUS | 35:09 min
20. Kai-Kristian Kruse, Stefan Nimke | GER | 42:48 min

Tandem, Rennen, B *MÄNNER*
1. Vincent ter Schure, Timo Fransen | NED | 2:26:33 h
2. Ignacio Avila Rodriguez, Joan Font Bertoli | ESP | 2:26:33 h
3. Steve Bate, Adam Duggleby | GBR | 2:27:03 h

Mannschaft, H1–4, Handbike *MIXED*
1. Luca Mazzone, Vittorio Podesta, Alessandro Zanardi | ITA | 32:34 min
2. William Groulx, William Lachenauer, Oscar Sanchez | USA | 33:21 min
3. Jean-François Deberg, Christophe Hindricq, Jonas Van De Steene | BEL | 34:02 min

Reiten

Championshiptest, Grad Ia
1. Sophie Christiansen | GBR | 78,217
2. Anne Dunham | GBR | 74,348
3. Sergio Froes Ribeiro de Oliva | BRA | 73,826
4. Elke Philipp | GER | 73,696

Championshiptest, Grad Ib
1. Pepo Puch | AUT | 75,103
2. Lee Pearson | GBR | 74,103
3. Stinna Kaastrup | DEN | 73,966
5. Alina Rosenberg | GER | 70,966

Championshiptest, Grad II
1. Natasha Baker | GBR | 73,400
2. Ciska Vermeulen | BEL | 71,600
3. Rixt van der Horst | NED | 70,743
4. Steffen Zeibig | GER | 70,057
11. Claudia Schmidt | GER | 67,314

Championshiptest, Grad III
1. Ann Cathrin Lübbe | NOR | 72,878
2. Susanne Sunesen | DEN | 72,171
3. Louise Etzner Jakobsson | SWE | 70,341

Championshiptest, Grad IV
1. Sophie Wells | GBR | 74,857
2. Michele George | BEL | 74,333
3. Frank Hosmar | NED | 72,452
5. Carolin Schnarre | GER | 69,905

Kür, Grad Ia
1. Sophie Christiansen | GBR | 79,800
2. Anne Dunham | GBR | 76,050
3. Sergio Froes Ribeiro de Oliva | BRA | 75,150
4. Elke Philipp | GER | 73,700

Kür, Grad Ib
1. Lee Pearson | GBR | 77,400
2. Pepo Puch | AUT | 76,750
3. Stinna Kaastrup | DEN | 74,750
4. Alina Rosenberg | GER | 72,550

Kür, Grad II
1. Natasha Baker | GBR | 77,900
2. Rixt van der Horst | NED | 76,250
3. Steffen Zeibig | GER | 74,350

Kür, Grad III
1. Sanne Voets | NED | 73,850
2. Ann Cathrin Lübbe | NOR | 73,800
3. Louise Etzner Jakobsson | SWE | 73,650

Kür, Grad IV
1. Michele George | BEL | 76,300
2. Sophie Wells | GBR | 76,150
3. Frank Hosmar | NED | 74,800
5. Carolin Schnarre | GER | 69,600

Mannschaftsprüfung, Grad Ia–V
1. Großbritannien | 453,306
2. Elke Philipp, Alina Rosenberg, Claudia Schmidt, Carolin Schnarre | GER | 433,321
3. Niederlande | 430,353

Rollstuhlbasketball

FRAUEN

1. USA
2. Deutschland [Annabel Breuer, Annegrit Brießmann, Laura Fürst, Barbara Groß, Simone Kues, Maya Lindholm, Mareike Miller, Marina Mohnen, Anne Patzwald, Gesche Schünemann, Johanna Welin, Annika Zeyen]
3. Niederlande

MÄNNER

1. USA
2. Spanien
3. Großbritannien
8. Deutschland [Jens-Eike Albrecht, André Bienek, Thomas Böhme, Nico Dreimüller, Jan Haller, Aliaksandr Halouski, Matthias Heimbach, Christopher Huber, Dirk Köhler, Björn Lohmann, Sebastian Magenheim, Kai Möller, Dirk Passiwan]

Rollstuhlfechten

Einzel Degen, Kat. A *FRAUEN*
1. Xufeng Zou | CHN
2. Jing Bian | CHN
3. Jewgenia Breus | UKR

Einzel Degen, Kat. B *FRAUEN*
1. Jingjing Zhou | CHN
2. Saysunee Jana | THA
3. Yui Chong Chan | HKG
4. Simone Briese-Baetke | GER

DIE ERGEBNISSE

Mannschaft, Degen, offene Klasse *FRAUEN*
1. China
2. Hongkong
3. Ungarn

Einzel Florett, Kat. A *FRAUEN*
1. Jing Rong | CHN
2. Chui Yee Yu | HKG
3. Zsuzsanna Krajnyak | HUN

Einzel Florett, Kat. B *FRAUEN*
1. Beatrice Vio | ITA
2. Jingjing Zhou | CHN
3. Fang Yao | CHN
9. Simone Briese-Baetke | GER

Mannschaft, Florett, offene Klasse *FRAUEN*
1. China
2. Ungarn
3. Italien

Einzel Degen, Kat. A *MÄNNER*
1. Gang Sun | CHN
2. Piers Gilliver | GBR
3. Jianquan Tian | CHN

Einzel Degen, Kat. B *MÄNNER*
1. Andrej Pranewitsch | BLR
2. Ammar Ali | IRQ
3. Oleg Naumenko | UKR

Mannschaft, Degen, offene Klasse *MÄNNER*
1. Frankreich
2. China
3. Polen

Einzel Florett, Kat. A *MÄNNER*
1. Ruyi Ye | CHN
2. Richard Sandor Osvath | HUN
3. Gang Sun | CHN

Einzel Florett, Kat. B *MÄNNER*
1. Yanke Feng | CHN
2. Daoliang Hu | CHN
3. Maxime Valet | FRA

Mannschaft, Florett, offene Klasse *MÄNNER*
1. China
2. Polen
3. Frankreich

Einzel Säbel, Kat. A *MÄNNER*
1. Andrej Demtschuk | UKR
2. Richard Sandor Osvath | HUN
3. Jianquan Tian | CHN

Einzel Säbel, Kat. B *MÄNNER*
1. Anton Dazko | UKR
2. Panagiotis Triantafyllou | GRE
3. Adrian Castro | POL
9. Balwinder Cheema | GER

Rollstuhlrugby

MIXED
1. Australien
2. USA
3. Japan

Rollstuhltennis

Einzel *FRAUEN*
1. Jiske Griffioen | NED
2. Aniek van Koot | NED
3. Yui Kamiji | JPN
9. Katharina Krüger | GER

Doppel *FRAUEN*
1. Jiske Griffioen, Aniek van Koot | NED
2. Marjolein Buis, Diede de Groot | NED
3. Lucy Shuker, Jordanne Whiley | GBR

Einzel *MÄNNER*
1. Gordon Reid |GBR
2. Alfie Hewitt | GBR
3. Joachim Gerard | BEL

Doppel *MÄNNER*
1. Stéphane Houdet, Nicolas Peifer | FRA
2. Alfie Hewett, Gordon Reit | GBR
3. Shingo Kunieda, Satoshi Saida | JPN

Einzel Quad *MIXED*
1. Dylan Alcott | AUS
2. Andy Lapthorne | GBR
3. David Wagner | USA

Doppel Quad *MIXED*
1. Dylan Alccott, Heath Davidson | AUS
2. Nick Taylor, David Wagner | USA
3. Jamie Burdekin, Andy Lapthorne |GBR

Rudern

Einer, fester Sitz, Arme/Schultern *FRAUEN*
1. Rachel Morris | GBR | 5:13,69 min
2. Lili Wang | CHN | 5:16,65 min
3. Moran Samuel | ISR | 5:17,46 min

Einer, fester Sitz, Arme/Schultern *MÄNNER*
1. Roman Polianskji | UKR | 4:39,56 min
2. Erik Horrie | AUS | 4:42,95 min
3. Tom Aggar | GBR | 4:50,90 min

Doppelzweier, Arme/Oberkörper *MIXED*
1. Lauren Rowles, Laurence Whiteley | GBR | 3:55,28 min
2. Shuang Liu, Tianming Fei | CHN | 3:58,45 min
3. Perle Bouge, Stephane Tardieu | FRA | 4:01,48 min

Vierer mit Steuermann, sehbehindert, uneingeschränkt *MIXED*
1. Großbritannien | 3:17,17 min
2. USA | 3:19,61 min
3. Kanada | 3:19,90 min
4. Deutschland | 3:27,34 min [Tino Kolitscher, Susanne Lackner, Valentin Luz, Anke Molkenthin, Inga Thöne (Steuerfrau)]

Schwimmen

50 m Freistil, S4 *FRAUEN*
1. Rachael Watson | AUS | 40,13 sek (PR)
2. Arjola Trimi | ITA | 40,51 sek
3. Nely Miranda Herrera | MEX | 40,53 sek

50 m Freistil, S5 *FRAUEN*
1. Li Zhang | CHN | 36,87 sek
2. Joana Maria Silva | BRA | 37,13 sek
3. Bela Trebinova | CZE | 37,37 sek

50 m Freistil, S6 *FRAUEN*
1. Jelysaweta Mereschko | UKR | 33,43 sek
2. Viktorija Sawzowa | UKR | 33,68 sek
3. Tiffany Thomas Kane | AUS | 34,41 sek

50 m Freistil, S7 *FRAUEN*
1. McKenzie Coan | USA | 32,42 sek (PR)
2. Denise Grahl | GER | 33,16 sek
3. Susannah Rodgers | GBR | 33,26 sek

50 m Freistil, S8 *FRAUEN*
1. Maddison Elliott | AUS | 29,73 sek (PR,WR)
2. Lakeisha Patterson | AUS | 30,13
3. Shengnan Jiang | CHN | 30,53

50 m Freistil, S9 *FRAUEN*
1. Michelle Konkoly | USA | 28,29 sek (PR)
2. Ellie Cole | AUS | 29,13 sek
3. Jiexin Wang | CHN | 29,30 sek

50 m Freistil, S10 *FRAUEN*
1. Aurelie Rivard | CAN | 27,37 sek
2. Sophie Pascoe | NZL | 27,72 sek
3. Yi Chen | CHN | 28,21 sek

50 m Freistil, S11 *FRAUEN*
1. Guizhi Li | CHN | 30,73 sek
2. Maja Reichard | SWE | 30,76 sek
3. Maryna Piddubna | UKR | 31,23 sek
3. Liesette Bruinsma | NED | 31,23 sek

50 m Freistil, S12 *FRAUEN*
1. Hannah Russell | GBR | 27,53 sek
2. Maike Naomi Schnittger | GER | 28,38 sek
3. Maria Delgado Nadal | ESP | 29,03 sek
8. Emely Telle | GER | 30,87 sek

50 m Freistil, S13 *FRAUEN*
1. Anna Stezenko | UKR | 27,34 sek (ER, PR, WR)
2. Muslima Odilova | UZB | 28,00 sek
3. Shokhsanamkhon Toshpulatova | UZB | 28,02 sek

100 m Freistil, S10 *FRAUEN*
1. Aurelie Rivard | CAN | 59,31 sek (PR)
2. Sophie Pascoe | NZL | 59,85 sek
3. Elodie Lorandi | FRA | 1:01,13 sek

100 m Freistil, S11 *FRAUEN*
1. Qing Xie | CHN | 1:08,03 min
2. Guizhi Li | CHN | 1:08,31 min
3. Liesette Bruinsma | NED | 1:08,55 min

100 m Freistil, S13 *FRAUEN*
1. Anna Stezenko | UKR | 59,19 sek
2. Rebecca Meyers | USA | 59,77 sek
3. Hannah Russell | GBR | 1:00,07 sek
6. Maike Naomi Schnittger | GER | 1:01,57 sek

100 m Freistil, S3 *FRAUEN*
1. Sulfija Gabidullina | KAZ | 1:30,07 min (PR, WR)
2. Qiuping Peng | CHN | 1:34,71 min
3. Olga Swiderska | UKR | 1:34,86 min

100 m Freistil, S5 *FRAUEN*
1. Li Zhang | CHN | 1:18,85 min
2. Teresa Perales | ESP | 1:20,47 min
3. Joana Maria Silva | BRA | 1:23,21 min

100 m Freistil, S6 *FRAUEN*
1. Jelysaweta Mereschko | UKR | 1:11,40 min (PR, WR)
2. Viktorija Sawzowa | UKR | 1:13,47 min
3. Ellie Robinson | GBR | 1:14,43 min

100 m Freistil, S7 *FRAUEN*
1. Mckenzie Coan | USA | 1:09,99 min
2. Cortney Jordan | USA | 1:12,80 min
3. Yajing Huang | CHN | 1:12,85 min
5. Denise Grahl | GER | 1:13,70 min
8. Verena Schott | GER | 1:18,72 min

100 m Freistil, S8 *FRAUEN*
1. Maddison Elliott | AUS | 1:04,73 min (PR)
2. Lakeisha Patterson | AUS | 1:05,08 min
3. Stephanie Millward | GBR | 1:05,16 min (ER)

100 m Freistil, S9 *FRAUEN*
1. Michelle Konkoly | USA | 1:00,91 min (PR, WR)
2. Sarai Gascon | ESP | 1:02,81 min
3. Ellie Cole | AUS | 1:02,93 min)

200 m Freistil, S5 *FRAUEN*
1. Li Zhang | CHN | 2:48,33 min
2. Teresa Perales | ESP | 2:50,91 min
3. Sarah Louise Rung | NOR | 2:51,37 min

200 m Freistil, S14 *FRAUEN*
1. Bethany Firth | GBR | 2:03,30 min (PR)
2. Jessica-Jane Applegate | GBR | 2:06,92 min
3. Marlou van der Kulk | NED | 2:10,20 min
8. Janina Breuer | GER | 2:22,16 min

400 m Freistil, S6 *FRAUEN*
1. Jelysaweta Mereschko | UKR | 5:17,01 min
2. Lingling Song | CHN | 5:21,37 min
3. Eleanor Simmonds | GBR | 5:24,87 min

400 m Freistil, S7 *FRAUEN*
1. McKenzie Coan | USA | 5:05,77 min
2. Cortney Jordan | USA | 5:18,20 min
3. Susannah Rodgers | GBR | 5:23,17 min
5. Verena Schott | GER | 5:41,47 min

400 m Freistil, S8 *FRAUEN*
1. Lakeisha Patterson | AUS | 4:40,33 min (PR, WR)
2. Jessica Long | USA | 4:47,82 min
3. Stephanie Millward | GBR | 4:49,49 min

400 m Freistil, S9 *FRAUEN*
1. Nuria Marques Soto | ESP | 4:42,56 min
2. Ellie Cole | AUS | 4:42,58 min
3. Jialing Xu | CHN | 4:43,66 min

400 m Freistil, S10 *FRAUEN*
1. Aurélie Rivard | CAN | 4:29,96 min (PR, WR)
2. Monique Murphy | AUS | 4:35,09 min
3. Elodie Lorandi | FRA | 4:35,49 min

400 m Freistil, S11 *FRAUEN*
1. Liesette Bruinsma | NED | 5:15,08 min
2. Cecilia Camellini | ITA | 5:16,36 min
3. Qing Xie | CHN | 5:25,14 min
5. Daniela Schulte | GER | 5:29,93 min

400 m Freistil, S13 *FRAUEN*
1. Rebecca Meyers | USA | 4:19,59 min (PR, WR)
2. Anna Stezenko | UKR | 4:24,18 min
3. Ariadna Edo Beltran | ESP | 4:43,49 min
4. Maike Naomi Schnittger | GER | 4:43,57 min

50 m Brust, SB3 *FRAUEN*
1. Jiao Cheng | CHN | 58,28 sek
2. Marija Lafina | UKR | 1:01,92 sek
3. Patricia Valle | MEX | 1:02,40 sek

100 m Brust, SB4 *FRAUEN*
1. Sarah Louise Rung | NOR | 1:44,94 min
2. Giulia Ghiretti | ITA | 1:50,58 min
3. Rui Si Theresa Goh | SIN | 1:55,55 min

100 m Brust, SB5 *FRAUEN*
1. Jelysaweta Mereschko | UKR | 1:41,63 min
2. Viktorija Sawzowa | UKR | 1:42,14 min
3. Lingling Song | CHN | 1:45,21 min
4. Verena Schott | GER | 1:46,07 min

100 m Brust, SB6 *FRAUEN*
1. Tiffany Thomas Kane | AUS | 1:35,39 min (PR)
2. Sophia Elizabeth Herzog | USA | 1:36,95 min
3. Charlotte Henshaw | GBR | 1:37,79 min

100 m Brust, SB7 *FRAUEN*
1. Elizabeth Marks | USA | 1:28,13 min (PR, WR)
2. Jessica Long | USA | 1:32,94 min
3. Lisa den Braber | NED | 1:34,66 min

100 m Brust, SB8 *FRAUEN*
1. Katarina Roxon | CAN | 1:19,44 min
2. Claire Cashmore | GBR | 1:20,60 min
3. Ellen Keane | IRL | 1:23,07 min

100 m Brust, SB9 *FRAUEN*
1. Lisa Kruger | NED | 1:15,49 min
2. Harriet Lee | GBR | 1:16,87 min
3. Chantalle Zijderveld | NED | 1:17,01 min

100 m Brust, SB11 *FRAUEN*
1. Xiaotong Zhang | CHN | 1:23,02 min (PR, WR)
2. Liesette Bruinsma | NED | 1:25,81 min
3. Maja Reichard | SWE | 1:26,60 min

100 m Brust, SB13 *FRAUEN*
1. Fotimakhon Amilova | UZB | 1:12,45 min (PR, WR)
2. Rebecca Redfern | GBR | 1:13,81 min (ER)
3. Colleen Young | USA | 1:17,02 min
5. Elena Krawzow | GER | 1:17,46 min

100 m Brust, SB14 *FRAUEN*
1. Michelle Alonso Morales | ESP | 1:12,62 min (PR)
2. Bethany Firth | GBR | 1:12,89 min
3. Magda Toeters | NED | 1:17,35 min

50 m Rücken, S2 *FRAUEN*
1. Pin Xiu Yip | SIN | 1:00,33 min
2. Yazhu Feng | CHN | 1:02,66 min
3. Iryna Sozka | UKR | 1:17,22 min

50 m Rücken, S3 *FRAUEN*
1. Qiuping Peng | CHN | 48,49 sek (PR, WR)
2. Guofen Meng | CHN | 51,42 sek
3. Lisette Teunissen | NED | 53,44 sek

50 m Rücken, S4 *FRAUEN*
1. Jiao Cheng | CHN | 48,11 sek
2. Yue Deng | CHN | 50,01 sek
3. Maryna Werbowa | UKR | 52,28 sek

50 m Rücken, S5 *FRAUEN*
1. Teresa Perales | ESP | 43,03 sek
2. Bela Trebinova | CZE | 44,51 sek
3. Sarah Louise Rung | NOR | 45,40 sek

100 m Rücken, S2 *FRAUEN*
1. Pin Xiu Yip | SIN | 2:07,09 min (PR, WR)
2. Yazhu Feng | CHN | 2:18,65 min
3. Iryna Sozka | UKR | 2:21,98 min

100 m Rücken, S6 *FRAUEN*
1. Lingling Song | CHN | 1:21,43 min
2. Dong Lu | CHN | 1:21,65 min
3. Oxana Chrul | UKR | 1:26,82 min

100 m Rücken, S7 *FRAUEN*
1. Liting Ke | CHN | 1:23,06 min
2. Ying Zhang | CHN | 1:23,34 min
3. Rebecca Dubber | NZL | 1:23,85 min
8. Denise Grahl | GER | 1:29,87 min

100 m Rücken, S8 *FRAUEN*
1. Stephanie Millward | GBR | 1:13,02 min (PR)
2. Maddison Elliott | AUS | 1:17,16 min
3. Jessica Long | USA | 1:18,12 min

100 m Rücken, S9 *FRAUEN*
1. Ellie Cole | AUS | 1:09,18 min (PR)
2. Nuria Marques Soto | ESP | 1:09,57 min
3. Hannah Aspden | USA | 1:10,67 min

100 m Rücken, S10 *FRAUEN*
1. Sophie Pascoe | NZL | 1:07,04 min
2. Bianka Pap | HUN | 1:07,95 min
3. Alice Tai | GBR | 1:09,39 min

100 m Rücken, S11 *FRAUEN*
1. Mary Fisher | NZL | 1:17,96 min (PR, WR)
2. Liwen Cai | CHN | 1:20,29 min
3. Maja Reichard | SWE | 1:21,46 min

100 m Rücken, S12 *FRAUEN*
1. Hannah Russell | GBR | 1:06,06 min (PR,WR)
2. Jaryna Matlo | UKR | 1:11,97 min
3. Maria Delgado Nadal | ESP | 1:12,73 min

100 m Rücken, S13 *FRAUEN*
1. Anna Stezenko | UKR | 1:08,30 min (PR)
2. Abby Kane | GBR | 1:09,30 min
3. Katja Dedekind | AUS | 1:12,25 min

100 m Rücken, S14 *FRAUEN*
1. Bethany Firth | GBR | 1:04,05 min (PR, WR)
2. Marlou van der Kulk | NED | 1:06,33 min
3. Jessica-Jane Applegate | GBR | 1:08,67 min
6. Janina Breuer | GER | 1:16,02 min

50 m Schmetterling, S5 *FRAUEN*
1. Xihan Xu | CHN | 43,62 sek
2. Sarah Louise Rung | NOR | 45,67 sek
3. Giulia Ghiretti | ITA | 45,74 sek

50 m Schmetterling, S6 *FRAUEN*
1. Ellie Robinson | GBR | 35,58 sek (PR)
2. Oxana Chrul | UKR | 36,45 sek
3. Tiffany Thomas Kane | AUS | 36,81 sek

DIE ERGEBNISSE

50 m Schmetterling, S7 *FRAUEN*
1. Susannah Rodgers | GBR | 35,07 sek
2. Cortney Jordan | USA | 35,46 sek
3. Nikita Howarth | NZL | 35,97 sek

100 m Schmetterling, S8 *FRAUEN*
1. Kateryna Istomina | UKR | 1:09,04 min (PR)
2. Stephanie Slater | GBR | 1:10,32 min
3. Jessica Long | USA | 1:10,35 min

100 m Schmetterling, S9 *FRAUEN*
1. Jialing Xu | CHN | 1:07,90 min
2. Sarai Gascon | ESP | 1:08,00 min
3. Zsofia Konkoly | HUN | 1:09,21 min

100 m Schmetterling, S10 *FRAUEN*
1. Sophie Pascoe | NZL | 1:02,65 min (PR)
2. Yi Chen | CHN | 1:06,92 min
3. Oliwia Jablonska | POL | 1:08,77 min

100 m Schmetterling, S13 *FRAUEN*
1. Rebecca Meyers | USA | 1:03,25 min (PR, WR)
2. Muslima Odilova | UZB | 1:04,92 min
3. Fotimakhon Amilova | UZB | 1:04,93 min

150 m Lagen, SM4 *FRAUEN*
1. Jiao Cheng | CHN | 2:49,69 min
2. Olga Swiderska | UKR | 2:54,14 min
3. Yue Deng | CHN | 2:57,26 min

200 m Lagen, SM5 *FRAUEN*
1. Sarah Louise Rung | NOR | 3:15,83 min
2. Teresa Perales | ESP | 3:36,14 min
3. Inbal Pezaro | ISR | 3:38,20 min

200 m Lagen, SM6 *FRAUEN*
1. Eleanor Simmonds | GBR | 2:59,81 min (PR, WR)
2. Lingling Song | CHN | 3:03,19 min
3. Tiffany Thomas Kane | AUS | 3:09,78 min
4. Verena Schott | GER | 3:10,44 min

200 m Lagen, SM7 *FRAUEN*
1. Nikita Howarth | NZL | 2:57,29 min
2. Tess Routliffe | CAN | 3:02,05 min
3. Cortney Jordan | USA | 3:04,17 min

200 m Lagen, SM8 *FRAUEN*
1. Jessica Long | USA | 2:40,23 min
2. Stephanie Millward | GBR | 2:43,03 min
3. Lakeisha Patterson | AUS | 2:45,22 min

200 m Lagen, SM9 *FRAUEN*
1. Ping Lin | CHN | 2:35,64 min
2. Sarai Gascon | ESP | 2:35,84 min
3. Amy Marren | GBR | 2:36,26 min

200 m Lagen, SM10 *FRAUEN*
1. Sophie Pascoe | NZL | 2:24,90 min (PR, WR)
2. Aurelie Rivard | CAN | 2:30,03 min
3. Bianka Pap | HUN | 2:31,46 min

200 m Lagen, SM11 *FRAUEN*
1. Liesette Bruinsma | NED | 2:49,87 min
2. Maja Reichard | SWE | 2:51,72 min
3. Qing Xie | CHN | 2:51,98 min
7. Daniela Schulte | GER | 2:59,08 min

200 m Lagen, SM13 *FRAUEN*
1. Fotimakhon Amilova | UZB | 2:25,23 min
2. Shokhsanamkhon Toshpulatova | UZB | 2:27,31 min
3. Anna Stezenko | UKR | 2:28,95 min

200 m Lagen, SM14 *FRAUEN*
1. Bethany Firth | GBR | 2:19,55 min (PR)
2. Jessica-Jane Applegate | GBR | 2:27,58 min
3. Marlou van der Kulk | NED | 2:29,49 min

4 x 100 m Staffel Freistil, 34 Punkte *FRAUEN*
1. Australien | 4:16,83 min
2. USA | 4:20,12 min
3. China | 4:24,34 min

4 x 100 m Staffel Lagen, 34 Punkte *FRAUEN*
1. GBR | 4:45,23 min
2. AUS | 4:45,85 min
3. USA | 4:50,34 min

50 m Freistil, S3 *MÄNNER*
1. Wenpan Huang | CHN | 39,24 sek (PR, WR)
2. Dmytro Wynogradez | UKR | 41,41 sek
3. Hanhua Li | CHN | 42,18 sek |

50 m Freistil, S4 *MÄNNER*
1. Gi Seong Jo | KOR | 39,30 sek
2. David Smetanine | FRA | 40,58 sek
3. Andrej Derewinski | UKR | 40,94 sek

50 m Freistil, S5 *MÄNNER*
1. Daniel Dias | BRA | 32,78 sek
2. Thanh Tung Vo | VIE | 33,94 sek
3. Roy Perkins | USA | 34,42 sek

50 m Freistil, S6 *MÄNNER*
1. Qing Xu | CHN | 28,81 sek
2. Nelson Crispin Corzo | COL | 29,27 sek
3. Hongguang Jia | CHN | 29,87 sek

50 m Freistil, S7 *MÄNNER*
1. Shiyun Pan | CHN | 27,35 sek (PR, WR)
2. Jewgeni Bogodaiko | UKR | 27,64 sek
3. Carlos Serrano Zarate | COL | 28,60 sek
8. Tobias Pollap | GER | 30,04 sek

50 m Freistil, S8 *MÄNNER*
1. Yinan Wang | CHN | 26,24 sek
2. Bogdan Hrynenko | UKR | 26,67 sek
3. Juri Boschynski | UKR | 26,75 sek

50 m Freistil, S9 *MÄNNER*
1. Matthew Wylie | GBR | 25,95 sek
2. Timothy Disken | AUS | 25,99 sek
3. Takuro Yamada | JPN | 26,00 sek

50 m Freistil, S10 *MÄNNER*
1. Maxim Krypak | UKR | 23,33 sek
2. Phelipe Rodrigues | BRA | 23,56 sek
3. Denis Dubrow | UKR | 23,75 sek

50 m Freistil, S11 *MÄNNER*
1. Bradley Snyder | USA | 25,57 sek
2. Keiichi Kimura | JPN | 26,52 sek
3. Bozun Yang | CHN | 26,72 sek

50 m Freistil, S12 *MÄNNER*
1. Maxim Weraxa | UKR | 23,67 sek
2. Dzmitry Salei | AZE | 24,29 sek
3. Ilija Jaremenko | UKR | 24,41 sek

50 m Freistil, S13 *MÄNNER*
1. Igor Boki | BLR | 23,44 sek
2. Carlos Farrenberg | BRA | 24,17 sek
3. Muzaffar Tursunkhujaev | UZB | 24,21 sek

100 m Freistil, S4 *MÄNNER*
1. Gi Seong Jo | KOR | 1:23,36 min
2. Zhipeng Jin | CHN | 1:26,05 min
3. Michael Schoenmaker | NED | 1:26,87 min

100 m Freistil, S5 *MÄNNER*
1. Daniel Dias | BRA | 1:10,11 min
2. Roy Perkins | USA | 1:14,55 min
3. Andrew Mullen | GBR | 1:15,93 min

100 m Freistil, S6 *MÄNNER*
1. Lorenzo Perez Escalona | CUB | 1:04,70 min (PR)
2. Nelson Crispin Corzo | COL | 1:05,37 min
3. Alexander Komarow | UKR | 1:06,21 min

100 m Freistil, S7 *MÄNNER*
1. Shiyun Pan | CHN | 1:00,82 min
2. Carlos Serrano Zarate | COL | 1:01,84 min
3. Jewgeni Bogodaiko | UKR | 1:02,12 min
7. Tobias Pollap | GER | 1:04,76 min

100 m Freistil, S8 *MÄNNER*
1. Yinan Wang | CHN | 56,80 sek
2. Maodang Song | CHN | 58,13 sek
3. Josef Craig | GBR | 58,19 sek

100 m Freistil, S9 *MÄNNER*
1. Timothy Disken | AUS | 56,23 sek
2. Brenden Hall | AUS | 56,95 sek
3. Tamas Toth | HUN | 57,20 sek

100 m Freistil, S10 *MÄNNER*
1. Maxim Krypak | UKR | 51,08 sek
2. Andre Brasil | BRA | 51,37 sek
3. Phelipe Rodrigues | BRA | 51,48 sek

100 m Freistil, S11 *MÄNNER*
1. Bradley Snyder | USA | 56,15 sek (PR, WR)
2. Bozun Yang | CHN | 59,51 sek
3. Keiichi Kimura | JPN | 59,63 sek

100 m Freistil, S13 *MÄNNER*
1. Igor Boki | BLR | 50,90 sek (PR)
2. Jaroslaw Denysenko | UKR | 52,40 sek
3. Maxim Weraxa | UKR | 52,77 sek

200 m Freistil, S2 *MÄNNER*
1. Benying Liu | CHN | 3:41,54 min (PR, WR)
2. Liankang Zou | CHN | 3:42,58 min
3. Sergej Palamartschuk | UKR | 3:43,69 min (ER)

200 m Freistil, S3 *MÄNNER*
1. Wenpan Huang | CHN | 3:09,04 min (PR, WR)
2. Dmytro Wynogradez | UKR | 3:09,77 min
3. Hanhua Li | CHN | 3:23,10 min

200 m Freistil, S4 *MÄNNER*
1. Gi Seong Jo | KOR | 3:01,67 min
2. Michael Schoenmaker | NED | 3:03,81 min
3. Zhipeng Jin | CHN | 3:03,94 min

200 m Freistil, S5 *MÄNNER*
1. Daniel Dias | BRA | 2:27,88 min
2. Roy Perkins | USA | 2:38,56 min
3. Andrew Mullen | GBR | 2:40,65 min

200 m Freistil, S14 *MÄNNER*
1. Wai Lok Tang | HKG | 1:56,32 min (PR)
2. Thomas Hamer | GBR | 1:56,58 min
3. Daniel Fox | AUS | 1:56,69 min

400 m Freistil, S6 *MÄNNER*
1. Francesco Bocciardo | ITA | 5:02,15 min
2. Thijs van Hofweegen | NED | 5:07,82 min
3. Lorenzo Perez Escalona | CUB | 5:14,44 min

400 m Freistil, S7 *MÄNNER*
1. Michael Jones | GBR | 4:45,78 min
2. Jonathan Fox | GBR | 4:49,00 min
3. Andreas Skaar Bjornstad | NOR | 4:53,61 min

400 m Freistil, S8 *MÄNNER*
1. Oliver Hynd | GBR | 4:21,89 min (PR,WR)
2. Haijiao Xu | CHN | 4:25,65 min
3. Yinan Wang | CHN | 4:32,78 min

400 m Freistil, S9 *MÄNNER*
1. Brenden Hall | AUS | 4:12,73 min
2. Federico Morlacchi | ITA | 4:17,91 min
3. Lewis White | GBR | 4:21,38 min

400 m Freistil, S10 *MÄNNER*
1. Maxim Krypak | UKR | 3:57,71 min (PR, WR)
2. Denis Dubrow | UKR | 4:00,11 min
3. Benoit Huot | CAN | 4:04,63 min

400 m Freistil, S11 *MÄNNER*
1. Bradley Snyder | USA | 4:28,78 min
2. Tharon Drake | USA | 4:40,96 min
3. Matheus Souza | BRA | 4:41,05 min

400 m Freistil, S13 *MÄNNER*
1. Igor Boki | BLR | 3:55,62 min (PR)
2. Jaroslaw Denysenko | UKR | 3:58,78 min
3. Dmitriy Horlin | UZB | 4:06,63 min

50 m Brust, SB2 *MÄNNER*
1. Wenpan Huang | CHN | 50,65 sek (PR, WR)
2. Tingshen Li | CHN | 51,78 sek
3. Chaowen Huang | CHN | 54,29 sek

50 m Brust, SB3 *MÄNNER*
1. Zhipeng Jin | CHN | 47,54 sek (PR,WR)
2. Miguel Luque | ESP | 49,47 sek
3. Efrem Morelli | ITA | 49,92 sek

100 m Brust, SB4 *MÄNNER*
1. Junsheng Li | CHN | 1:35,96 min
2. Daniel Dias | BRA | 1:36,13 min
3. Moises Fuentes Garcia | COL | 1:37,40 min

100 m Brust, SB5 *MÄNNER*
1. Karl Forsman | SWE | 1:34,27 min
2. Woo Geun Lim | KOR | 1:35,18 min
3. Pedro Rangel | MEX | 1:37,84 min

100 m Brust, SB6 *MÄNNER*
1. Jewgeni Bogodaiko | UKR | 1:18,71 min (PR,WR)
2. Nelson Crispin Corzo | COL | 1:21,47 min
3. Torben Schmidtke | GER | 1:23,47 min
6. Christoph Burkard | GER | 1:27,68 min

100 m Brust, SB7 *MÄNNER*
1. Carlos Serrano Zarate | COL | 1:12,50 min (PR, WR)
2. Blake Cochrane | AUS | 1:18,66 min
3. Hong Yang | CHN | 1:20,21 min

100 m Brust, SB8 *MÄNNER*
1. Oscar Salguero Galisteo | ESP | 1:11,11 min
2. Federico Morlacchi | ITA | 1:12,68 min
3. Andreas Onea | AUT | 1:14,44 min

100 m Brust, SB9 *MÄNNER*
1. Kevin Paul | RSA | 1:04,86 min
2. Denis Dubrow | UKR | 1:05,10 min
3. Duncan van Haaren | NED | 1:06,54 min

100 m Brust, SB11 *MÄNNER*
1. Bozun Yang | CHN | 1:10,08 min (PR, WR)
2. Tharon Drake | USA | 1:11,50 min
3. Keiichi Kimura | JPN | 1:12,88 min

100 m Brust, SB12 *MÄNNER*
1. Uladsimir Isotau | BLR | 1:06,82 min (PR)
2. Dzmitry Salei | AZE | 1:08,80 min
3. Maxim Weraxa | KR | 1:09,00 min
7. Daniel Simon | GER | 1:12,08 min

100 m Brust, SB13 *MÄNNER*
1. Alexej Fedyna | UKR | 1:04,94 min
1. Firdavsbek Musabekov | UZB | 1:04,94 min
3. Igor Boki | BLR | 1:06,71 min

100 m Brust, SB14 *MÄNNER*
1. Aaron Moores | GBR | 1:06,67 min
2. Scott Quin | GBR | 1:06,70 min
3. Marc Evers | NED | 1:07,64 min

50 m Rücken, S1 *MÄNNER*
1. Gennadi Bojko | UKR | 1:00,85 min
2. Francesco Bettella | ITA | 1:12,49 min
3. Anton Kol | UKR | 1:15,42 min

50 m Rücken, S2 *MÄNNER*
1. Liankang Zou | CHN | 47,17 sek (PR, WR)
2. Benying Liu | CHN | 48,84 sek
3. Sergej Palamartschuk | UKR | 50,23 sek

50 m Rücken, S3 *MÄNNER*
1. Dmytro Wynogradez | UKR | 44,94 sek
2. Wenpan Huang | CHN | 46,11 sek
3. Vincenzo Boni | ITA | 46,67 sek

50 m Rücken, S4 *MÄNNER*
1. Arnost Petracek | CZE | 43,12 sek
2. Yuntao Liu | CHN | 45,01 sek
3. Jesus Hernandez Hernandez | MEX | 45,30 sek

50 m Rücken, S5 *MÄNNER*
1. Daniel Dias | BRA | 35,40 sek
2. Andrew Mullen | GBR | 37,94 sek
3. Zsolt Vereczkei | HUN | 38,92 sek

100 m Rücken, S1 *MÄNNER*
1. Gennadi Bojko | UKR | 2:08,01 min (PR, WR)
2. Francesco Bettella | ITA | 2:27,06 min
3. Anton Kol | UKR | 2:27,45 min

100 m Rücken, S2 *MÄNNER*
1. Liankang Zou | CHN | 1:45,25 min (PR, WR)
2. Benying Liu | CHN | 1:48,29 min
3. Sergej Palamartschuk | UKR | 1:49,76 min

100 m Rücken, S6 *MÄNNER*
1. Tao Zheng | CHN | 1:10,84 min (PR, WR)
2. Hongguang Jia | CHN | 1:13,42 min
3. Jaroslaw Semenenko | UKR | 1:15,41 min

100 m Rücken, S7 *MÄNNER*
1. Jewgeni Bogodaiko | UKR | 1:10,55 min
2. Jonathan Fox | GBR | 1:10,78 min
3. Italo Pereira | BRA | 1:12,48 min

100 m Rücken, S8 *MÄNNER*
1. Cong Zhou | CHN | 1:02,90 min (PR, WR)
2. Oliver Hynd | GBR | 1:04,46 min
3. Robert Griswold | USA | 1:04,68 min

100 m Rücken, S9 *MÄNNER*
1. Tamas Toth | HUN | 1:04,30 min
2. Xiaobing Liu | CHN | 1:04,46 min
3. Brenden Hall | AUS | 1:04,67 min

100 m Rücken, S10 *MÄNNER*
1. Maxim Krypak | UKR | 57,24 sek
2. Olivier van de Voort | NED | 58,10 sek
3. Denis Dubrow | UKR | 59,37 sek

100 m Rücken, S11 *MÄNNER*
1. Dmytro Salewski | UKR | 1:06,66 min
2. Wojciech Makowski | POL | 1:08,28 min
2. Bradley Snyder | USA | 1:08,28 min

100 m Rücken, S12 *MÄNNER*
1. Sergej Klippert | UKR | 59,77 sek
2. Raman Salei | AZE | 1:00,91 sek
3. Tucker Dupree | USA | 1:01,04 sek

100 m Rücken, S13 *MÄNNER*
1. Igor Boki | BLR | 56,68 sek (PR, WR)
2. Jaroslaw Denysenko | UKR | 59,02 sek
3. Nicolas Guy Turbide | CAN | 59,55 sek

100 m Rücken, S14 *MÄNNER*
1. In Kook Lee | KOR | 59,82 sek (PR)
2. Marc Evers | NED | 1:00,63 sek
3. Takuya Tsugawa | JPN | 1:03,42 sek

50 m Schmetterling, S5 *MÄNNER*
1. Roy Perkins | USA | 35,04 sek
2. Shiwei He | CHN | 35,25 sek
3. Daniel Dias | BRA | 35,62 sek

50 m Schmetterling, S6 *MÄNNER*
1. Qing Xu | CHN | 29,89 sek (PR, WR)
2. Tao Zheng | CHN | 29,93 sek
3. Lichao Wang | CHN | 30,95 sek

50 m Schmetterling, S7 *MÄNNER*
1. Shiyun Pan | CHN | 28,41 sek (PR, WR)
2. Jewgeni Bogodaiko | UKR | 29,35 sek
3. Jingang Wang | CHN | 30,07 sek
8. Tobias Pollap | GER | 32,91 sek

100 m Schmetterling, S8 *MÄNNER*
1. Maodang Song | CHN | 59,19 sek (PR, WR)
2. Haijiao Xu | CHN | 1:00,08 sek
3. Guanglong Yang | CHN | 1:01,18 sek

100 m Schmetterling, S9 *MÄNNER*
1. Dimosthenis Michalentzakis | GRE | 59,27 sek (PR)
2. Federico Morlacchi | ITA | 59,52 sek
3. Tamas Sors | HUN | 59,85 sek

100 m Schmetterling, S10 *MÄNNER*
1. Denis Dubrow | UKR | 54,71 sek (PR,WR)
2. Maxim Krypak | UKR | 54,90 sek
3. Andre Brasil | BRA | 56,50 sek

DIE ERGEBNISSE

100 m Schmetterling, S11 *MÄNNER*
1. Israel Oliver | ESP | 1:02,24 min
2. Keiichi Kimura | JPN | 1:02,43 min
3. Alexander Maschtschenko | UKR | 1:03,38 min

100 m Schmetterling, S13 *MÄNNER*
1. Igor Boki | BLR | 53,85 sek (PR, WR)
2. Kirill Pankov | UZB | 56,84 sek
3. Muzaffar Tursunkhujaev | UZB | 57,26 sek

150 m Lagen, SM3 *MÄNNER*
1. Wenpan Huang | CHN | 2:40,19 min (PR, WR)
2. Dmytro Wynogradez | UKR | 2:40,75 min
3. Jianping Du | CHN | 2:52,32 min

150 m Lagen, SM4 *MÄNNER*
1. Cameron Leslie | NZL | 2:23,12 min (PR, WR)
2. Zhipeng Jin | CHN | 2:26,91 min
3. Jonas Larsen | DEN | 2:33,67 min

200 m Lagen, SM6 *MÄNNER*
1. Sascha Kindred | GBR | 2:38,47 min (PR, WR)
2. Hongguang Jia | CHN | 2:39,47 min
3. Talisson Glock | BRA | 2:41,39 min

200 m Lagen, SM7 *MÄNNER*
1. Jewgeni Bogodaiko | UKR | 2:30,72 min (PR, WR)
2. Rudy Garcia-Tolson | USA | 2:33,87 min
3. Matthew Levy | AUS | 2:36,99 min
6. Tobias Pollap | GER | 2:45,40 min

200 m Lagen, SM8 *MÄNNER*
1. Oliver Hynd | GBR | 2:20,01 min (PR, WR)
2. Maodang Song | CHN | 2:20,79 min
3. Haijiao Xu | CHN | 2:21,19 min

200 m Lagen, SM9 *MÄNNER*
1. Federico Morlacchi | ITA | 2:16,72 min
2. Tamas Sors | HUN | 2:17,33 min
3. Timothy Disken | AUS | 2:17,72 min

200 m Lagen, SM10 *MÄNNER*
1. Denis Dubrow | UKR | 2:06,87 min (ER, PR, WR)
2. Maxim Krypak | UKR | 2:08,10 min
3. Dmytro Wansenko | UKR | 2:10,48 min

200 m Lagen, SM11 *MÄNNER*
1. Israel Oliver | ESP | 2:24,11 min
2. Viktor Smyrnow | UKR | 2:26,57 min
3. Bozun Yang | CHN | 2:27,82 min

200 m Lagen, SM13 *MÄNNER*
1. Igor Boki | BLR | 2:04,02 min (PR)
2. Jaroslaw Denysenko | UKR | 2:08,76 min
3. Danylo Tschufarow | UKR | 2:11,12 min

200 m Lagen, SM14 *MÄNNER*
1. Marc Evers | NED | 2:10,29 min (PR)
2. Thomas Hamer | GBR | 2:12,88 min
3. Keichi Nakajima | JPN | 2:15,46 min

4 x 50 m Staffel Freistil, 20 Punkte *MIXED*
1. China | 2:18,03 min
2. Brasilien | 2:25,45 min
3. Ukraine | 2:30,66 min

4 x 100 m Staffel Freistil, 34 Punkte *MÄNNER*
1. Ukraine | 3:48,11 min
2. Brasilien | 3:48,98 min
3. China | 3:50,41 min

4 x 100 m Staffel Lagen, 34 Punkte *MÄNNER*
1. China | 4:06,44 min
2. Ukraine | 4:07,89 min
3. Brasilien | 4:17,51 min

Segeln

Kielboot Einer *MIXED*
1. Damien Seguin | FRA | 31 Punkte
2. Matthew Bugg | AUS | 36 Punkte
3. Helena Lucas | GBR | 38 Punkte
6. Heiko Kröger | GER | 56 Punkte

Kielboot Zweier *MIXED*
1. Daniel Fitzgibbon, Liesl Tesch | AUS | 12 Punkte
2. John Mcroberts, Jackie Gay | CAN | 34 Punkte
3. Alexandra Rickham, Niki Birrell | GBR | 36 Punkte

Kielboot Dreier *MIXED*
1. Australien | 26 Punkte
2. USA | 44 Punkte
3. Kanada | 51 Punkte
6. Deutschland | 55 Punkte [Jens Kroker, Siegmund Mainka, Lasse Klötzing]

Sitzvolleyball

FRAUEN
1. China
2. USA
3. Brasilien

MÄNNER
1. Iran
2. Bosnien-Herzegowina
3. Ägypten
6. Deutschland [Dominik Albrecht, Stefan Hähnlein, Christoph Herzog, Barbaros Sayilir, Torben Schiewe, Alexander Schiffler, Lukas Schiwy, Jürgen Schrapp, Stefan Schu, Mathis Tigler, Martin Vogel, Heiko Wiesenthal]

Sportschießen

10 m Luftpistole, SH1 *FRAUEN*
1. Sareh Javanmardidodmani | IRI | 193,4 Punkte (PR)
2. Olga Kowaltschuk | UKR | 191,2 Punkte
3. Aysegul Pehlivanlar | TUR | 172,3 Punkte

10 m Luftgewehr *FRAUEN*
1. Veronika Vadovicova | SVK | 207,8 Punkte
2. Cuiping Zhang | CHN | 206,3 Punkte
3. Yaping Yan | CHN | 183,6 Punkte

50 m Gewehr Dreistellungskampf *FRAUEN*
1. Cuiping Zhang | CHN | 455,4 Punkte (PR)
2. Veronika Vadovicova | SVK | 449,4 Punkte
3. Yunri Lee | KOR | 437,8 Punkte
4. Manuela Schmermund | GER | 432,2 Punkte
7. Natascha Hiltrop | GER | 390,9 Punkte

10 m Luftpistole, SH1 *MÄNNER*
1. Chao Yang | CHN | 198,2 Punkte (PR)
2. Ju Hee Lee | KOR | 195,6 Punkte
3. Server Ibragimov | UZB | 172,1 Punkte

10 m Luftgewehr *MÄNNER*
1. Chao Dong | CHN | 205,8 Punkte
2. Abdulla Sultan Alaryani | UAE | 202,6 Punkte
3. Suwan Kim | KOR | 181,7 Punkte

50 m Gewehr Dreistellungskampf *MÄNNER*
1. Laslo Suranji | SRB | 453,7 Punkte (PR)
2. Abdulla Sultan Alaryani | UAE | 451,6 Punkte
3. Doron Shaziri | ISR | 437,5 Punkte

25 m Sportpistole, SH1 *MIXED*
1. Xing Huang | CHN | 7,0 Punkte
2. Joackim Norberg | SWE | 5,0 Punkte
3. Ju Hee Lee | KOR | 7,0 (um Platz 3)

50 m Freie Pistole, SH1 *MIXED*
1. Chao Yang | CHN
2. Cevat Karagol | TUR
3. Sareh Javanmardidodmani | IRI

10 m Luftgewehr *MIXED*
1. Veselka Pevec | SLO | 211,0 Punkte
2. Gorazd Francek Tirsek | SLO | 210,8 Punkte
3. Geunsoo Kim | KOR | 189,4 Punkte

10 m Luftgewehr, SH1 *MIXED*
1. Veronika Vadovicova | SVK | 212,5 Punkte
2. Natascha Hiltrop | GER | 211,5 Punkte
3. Jangho Lee | KOR | 189,7 Punkte

10 m Luftgewehr, SH2 *MIXED*
1. Wasyl Kowaltschuk | UKR | 211,7 Punkte (PR)
2. Geunsoo Kim | KOR | 211,2 Punkte
3. McKenna Dahl | USA | 189,5 Punkte

50 m Freies Gewehr liegend, SH1 *MIXED*
1. Cuiping Zhang | CHN | 206,8 Punkte (PR)
2. Abdulla Sultan Alaryani | UAE | 206,5 Punkte
3. Laslo Suranji | SRB | 185,2 Punkte

Tischtennis

Einzel, Klasse 1–2 *FRAUEN*
1. Jing Liu | CHN
2. Su-Yeon Seo | KOR
3. Giada Rossi | ITA

Einzel, Klasse 3 *FRAUEN*
1. Juan Xue | CHN
2. Qian Li | CHN
3. Anna-Carin Ahlquist | SWE

Einzel, Klasse 4 *FRAUEN*
1. Borislava Peric-Rankovic | SRB
2. Miao Zhang | CHN
3. Nada Matic | SRB
5. Sandra Mikolaschek | GER

Einzel, Klasse 5 *FRAUEN*
1. Bian Zhang | CHN
2. Gai Gu | CHN
3. Young-A Jung | KOR

Einzel, Klasse 6 *FRAUEN*
1. Sandra Paovic | CRO
2. Stephanie Grebe | GER
3. Maryna Lytowtschenko | UKR

Einzel, Klasse 7 *FRAUEN*
1. Kelly van Zon | NED
2. Kubra Korkut | TUR
3. Seong-Ok Kim | KOR

Einzel, Klasse 8 *FRAUEN*
1. Jingdian Mao | CHN
2. Thu Kamkasomphou | FRA
3. Josephine Medina | PHI
4. Juliane Wolf | GER

Einzel, Klasse 9 *FRAUEN*
1. Meng Liu | CHN
2. Lina Lei | CHN
3. Karolina Pek | POL
5. Lena Kramm | GER

Einzel, Klasse 10 *FRAUEN*
1. Natalia Partyka | POL
2. Qian Yang | CHN
3. Bruna Alexandre | BRA

Einzel, Klasse 11 *FRAUEN*
1. Natalia Kosmina | UKR
2. Krystyna Siemieniecka | POL
3. Mui Wui | HKG

Mannschaft, Klasse 1–3 *FRAUEN*
1. China
2. Kroatien
3. Südkorea

Mannschaft, Klasse 4–5 *FRAUEN*
1. China
2. Serbien
3. Südkorea

Mannschaft, Klasse 6–10 *FRAUEN*
1. Polen
2. China
3. Brasilien
5. Deutschland [Steffi Grebe, Lena Kramm, Juliane Wolf]

Einzel, Klasse 1 *MÄNNER*
1. Rob Davies | GBR
2. Young Dae Joo | KOR
3. Kiwon Nam | KOR
9. Holger Nikelis | GER

Einzel, Klasse 2 *MÄNNER*
1. Fabien Lamirault | FRA
2. Rafal Czuper | POL
3. Jiri Suchanek | CZE

Einzel, Klasse 3 *MÄNNER*
1. Panfeng Feng | CHN
2. Thomas Schmidberger | GER
3. Florian Merrien | FRA
4. Thomas Brüchle | GER

Einzel, Klasse 4 *MÄNNER*
1. Abdullah Ozturk | TUR
2. Xingyuan Guo | CHN
3. Maxime Thomas | FRA

Einzel, Klasse 5 *MÄNNER*
1. Ningning Cao | CHN
2. Valentin Baus | GER
3. Mitar Palikuca | SRB

Einzel, Klasse 6 *MÄNNER*
1. Peter Rosenmeier | DEN
2. Alvaro Valera Munoz Vargas | ESP
3. Rungroj Thainiyom | THA

Einzel, Klasse 7 *MÄNNER*
1. Will Bayley | GBR
2. Israel Pereira Stroh | BRA
3. Shuo Yan | CHN
11. Jochen Wollmert | GER

Einzel, Klasse 8 *MÄNNER*
1. Shuai Zhao | CHN
2. Andras Csonka | HUN
3. Piotr Grudzien | POL

Einzel, Klasse 9 *MÄNNER*
1. Laurens Devos | BEL
2. Gerben Last | NED
3. Amine Kalem | ITA

Einzel, Klasse 10 *MÄNNER*
1. Yang Ge | CHN
2. Patryk Chojnowski | POL
3. Krisztian Gardos | AUT

Einzel, Klasse 11 *MÄNNER*
1. Florian van Acker | BEL
2. Samuel Von Einem | AUS
3. Peter Palos | HUN

Mannschaft, Klasse 1–2 *MÄNNER*
1. Frankreich
2. Südkorea
3. Brasilien

Mannschaft, Klasse 3 *MÄNNER*
1. China
2. Deutschland [Thomas Brüchle, Thomas Schmidberger]
3. Thailand

Mannschaft, Klasse 4–5 *MÄNNER*
1. Südkorea
2. Taiwan
3. Türkei
5. Deutschland [Valentin Baus, Jan Gürtler]

Mannschaft, Klasse 6–8 *MÄNNER*
1. Ukraine
2. Schweden
3. Großbritannien
5. Deutschland [Thomas Rau, Jochen Wollmert]

Mannschaft, Klasse 9–10 *MÄNNER*
1. China
2. Spanien
3. Polen

Triathlon

PT2 *FRAUEN*
1. Allysa Seely | USA | 1:22:55 h
2. Hailey Danisewicz | USA | 1:23:43 h
3. Melissa Stockwell | USA | 1:25:24 h

PT4 *FRAUEN*
1. Grace Norman | USA | 1:10:39 h
2. Lauren Steadman | GBR | 1:11:43 h
3. Gwladys Lemoussu | FRA | 1:14:31 h

PT5 *FRAUEN*
1. Katie Kelly | AUS | 1:12:18 h
2. Alison Patrick | GBR | 1:13:20 h
3. Melissa Reid | GBR | 1:14:07 h

PT1 *MÄNNER*
1. Jetze Plat | NED | 59:31 min
2. Geert Schipper | NED | 1:01:30 min
3. Giovanni Achenza | ITA | 1:01:45 min

PT2 *MÄNNER*
1. Andrew Lewis | GBR | 1:11:49 h
2. Michele Ferrarin | ITA | 1:12:30 h
3. Mohamed Lahna | MAR | 1:12:35 h
8. Stefan Lösler | GER | 1:17:24 h

PT4 *MÄNNER*
1. Martin Schulz | GER | 1:02:37 h
2. Stefan Daniel | CAN | 1:03:05 h
3. Jairo Ruiz Lopez | ESP | 1:03:14 h

MEDAILLENSPIEGEL

Platz	Land	GOLD	SILBER	BRONZE
1.	China	107	81	51
2.	Großbritannien	64	39	44
3.	Ukraine	41	37	39
4.	USA	40	44	31
5.	Australien	22	30	29
6.	Deutschland	18	25	14
7.	Niederlande	17	19	26
8.	Brasilien	14	29	29
9.	Italien	10	14	15
10.	Polen	9	18	12
11.	Spanien	9	14	8
12.	Frankreich	9	5	14
13.	Neuseeland	9	5	7
14.	Kanada	8	10	11
15.	Iran	8	9	7
16.	Usbekistan	8	6	17
17.	Nigeria	8	2	2
18.	Kuba	8	1	6
19.	Weißrussland	8	0	2
20.	Südkorea	7	11	17
21.	Tunesien	7	6	6
22.	Südafrika	7	6	4
23.	Thailand	6	6	6
24.	Griechenland	5	4	4
25.	Belgien	5	3	3
	Slowakei	5	3	3
27.	Algerien	4	5	7
28.	Irland	4	4	3
29.	Mexiko	4	2	9
30.	Ägypten	3	5	4
31.	Serbien	3	2	4
32.	Norwegen	3	2	3
33.	Marokko	3	2	2
34.	Türkei	3	1	5
35.	Kenia	3	1	2
36.	Malaysia	3	0	1
37.	Kolumbien	2	5	10
38.	Ver. Arabische Emirate	2	4	1
39.	Irak	2	3	0
40.	Hongkong	2	2	2
41.	Kroatien	2	2	1
	Schweiz	2	2	1
43.	Indien	2	1	1
44.	Litauen	2	1	0
45.	Lettland	2	0	2
46.	Singapur	2	0	1
47.	Ungarn	1	8	9
48.	Aserbaidschan	1	8	2
49.	Schweden	1	4	5
50.	Österreich	1	4	4
51.	Dänemark	1	2	4
	Tschechien	1	2	4
53.	Namibia	1	2	2
54.	Argentinien	1	1	3
55.	Vietnam	1	1	2
56.	Finnland	1	1	1
	Trinidad und Tobago	1	1	1
58.	Kasachstan	1	1	0
	Slowenien	1	1	0
60.	Bahrain	1	0	0
	Bulgarien	1	0	0
	Georgien	1	0	0
	Kuwait	1	0	0
64.	Japan	0	10	14
65.	Venezuela	0	3	3
66.	Jordanien	0	2	1
67.	Katar	0	2	0
68.	Taiwan	0	1	1
69.	Bosnien u. Herzegowina	0	1	0
	Elfenbeinküste	0	1	0
	Uganda	0	1	0
	Äthiopien	0	1	0
73.	Portugal	0	0	4
74.	Israel	0	0	3
75.	Mongolei	0	0	2
76.	Indonesien	0	0	1
	Kap Verde	0	0	1
	Mosambik	0	0	1
	Pakistan	0	0	1
	Philippinen	0	0	1
	Rumänien	0	0	1
	Saudi-Arabien	0	0	1
	Sri Lanka	0	0	1

Katharina Krüger
Rollstuhltennis

Kai-Kristian Kruse
Radsport

Simone Kues
Rollstuhlbasketball

Lucia Kupczyk
Bogenschießen

Susanne Lackner
Rudern

Franziska Liebhardt
Leichtathletik

Maya Lindholm
Rollstuhlbasketball

Björn Lohmann
Rollstuhlbasketball

Stefan Lösler
Triathlon

Vanessa Low
Leichtathletik

Valentin Luz
Rudern

Sebastian Magenheim
Rollstuhlbasketball

Siegmund Mainka
Segeln

Jana Majunke
Radsport

Vico Merklein
Radsport

Mathias Mester
Leichtathletik

Sandra Mikolaschek
Tischtennis

Mareike Miller
Rollstuhlbasketball

Juliane Mogge
Leichtathletik

Marina Mohnen
Rollstuhlbasketball

Anke Molkenthin
Rudern

Kai Möller
Rollstuhlbasketball

Edina Müller
Kanu

Katrin Müller-Rottgardt
Leichtathletik

Josef Neumaier
Sportschießen

Claudia Nicoleitzik
Leichtathletik

Nicole Nicoleitzik
Leichtathletik

Holger Nikelis
Tischtennis

Dirk Passiwan
Rollstuhlbasketball

Anne Patzwald
Rollstuhlbasketball

Elke Philipp
Reiten

Tobias Pollap
Schwimmen

Heinrich Popow
Leichtathletik

Thomas Rau
Tischtennis

Markus Rehm
Leichtathletik

Thomas Schäfer
Radsport

Daniel Scheil
Leichtathletik

Torben Schiewe
Sitzvolleyball

Alexander Schiffler
Sitzvolleyball

Denise Schindler
Radsport

Johannes Schmidt
Rudern

Torben Schmidtke
Schwimmen

Denis Schmitz
Leichtathletik

Carolin Schnarre
Reiten

Maike Naomi Schnittger
Schwimmen

Martin Schulz
Triathlon

Mathias Schulze
Leichtathletik

Gesche Schünemann
Rollstuhlbasketball

Hannes Schürmann
Schwimmen

Elke Seeliger
Sportschießen

Maik Szarszewski
Bogenschießen

Emely Telle
Schwimmen

Michael Teuber
Radsport

Reno Tiede
Goalball

Mathis Tigler
Sitzvolleyball

Steffen Warias
Radsport

Max Weber
Radsport

Johanna Welin
Rollstuhlbasketball

Heiko Wiesenthal
Sitzvolleyball

Martina Willing
Leichtathletik